CONCEVOIR un CHATBOT RH pour Mieux accompagner les salariés

Guide pratique :
  Cas d'usage, Méthodologie et
  Apports expérientiels

2ème édition revue

Collection
Piloter l'expérience employé

Didier **Lautrec**

Didier LAUTREC est spécialisé en management des organisations. Il est titulaire d'un DEA en sciences de gestion, complété d'une professionnalisation en Ressources Humaines. Il est aussi diplômé en Documentation et gestion de l'information numérique.

Son thème de prédilection est la conception de relations de travail professionnelles, de confiance, actualisées et collaboratives. Il consacre un temps important en veille d'outils, méthodes et tendances managériales, afin qu'ils trouvent leur place dans une gestion de projets RH innovants.

Du même auteur :

« Repenser la Fonction RH et le Management pour Accompagner les transformations du travail. Guide pratique : Emploi de qualité, Engagement, Nouveaux métiers RH, Méthodologie et Moyens numériques », 1ère édition, *Amazon Kindle*, juillet 2019.

« Entreprendre une Démarche RSE pour Améliorer l'activité et Engager vos salariés. Guide pratique : Stratégie, Développement Durable, Bien-être, Méthodologie et Moyens numériques », 1ère édition, *Amazon Kindle*, Janvier 2019.

« Engager vos Salariés dans une Logique d'Apprenance pour Mieux Travailler. Guide pratique : Agilité, Gouvernance, Innovation, Méthodologie et Moyens numériques », 1ère édition, *Amazon Kindle*, Septembre 2018.

« Améliorer vos Pratiques d'Embauche pour Mieux Recruter.
Guide pratique : Marque employeur et Compatibilité,
Méthodologie, Outils numériques et Prospective », 1ère édition,
Amazon Kindle, Mai 2018.

« Concevoir un Chatbot RH pour mieux Accompagner les Salariés.
Guide pratique : Cas d'usage, Méthodologie, Prestataires
et Apports expérientiels », 1ère édition, *Amazon Kindle*, Janvier
2018.

« Piloter l'Expérience Employé et la Marque Employeur.
Guide pratique_: Pédagogie, Méthodologie, Outils et
Tendances », 2ème édition, *Amazon Kindle*, Juin 2018.

« Stimuler l'intelligence collective en PME. 8 projets collectifs pour
devenir une entreprise innovante », 1ère édition, *Amazon Kindle*,
Mars 2017.

Avant-propos

La collection « Piloter l'expérience employé » s'intéresse aux thèmes et tendances, avec lesquelles il faut aujourd'hui compter.

Pour doter le lecteur de repères et des moyens d'agir, chaque ouvrage est conçu selon un plan figurant une gestion de projet.

Ils cherchent donc autant à convaincre et à formuler des suggestions, qu'à proposer des méthodes ou des outils.

Table des matières

Introduction

Conservatisme. C'est le mot que les salariés se plaisent souvent à associer à la fonction ressources humaines. Et d'évidence cela ne va pas sans raisons.

Il faut dire qu'elle a sans doute paru en retrait, lorsque s'appuyant sur leur légitimité technique, les professionnels des Systèmes d'information ont paru les plus en pointe, pour proposer *des moyens d'améliorer le travail.*
C'est dire que dans une certaine mesure, *l'innovation RH*, était passée dans leur champ d'action.

Mais aujourd'hui, alors que les salariés *sont en demande d'autonomie* et que *les activités se veulent toujours plus qualitatives*, les professionnels RH réinventent la fonction et développent de nouvelles logiques de travail.

Les temps où le modèle taylorien d'organisation et la Gestion Prévisionnelle des Emplois et Compétences, étaient les principales orientations, sont désormais dépassés.
Les « silos », laissent la place à l'instantanéité de la collaboration, par des moyens numériques. Le concept de « compétence », cède le pas devant celui de « professionnalisme ». Le pilotage de l'expérience employé, s'impose dans la concurrence en matière de recrutement.

Ce que recherchent aujourd'hui les organisations, c'est à faire disparaître : les rigidités ; les cloisonnements ; les lenteurs ; les rétentions d'informations ; ... , *pour créer de l'agilité et de l'engagement.*
La facilité d'accès à l'information, en est précisément un moyen !

C'est ce qui justifie *de réviser la raison d'être des directions ressources humaines*, pour mieux accompagner les salariés et offrir des services à plus forte valeur ajouté.

Mais ce qui justifie aussi, *de développer des outils de médiation des savoirs*.

Il faut d'ailleurs bien cela, pour attirer et fidéliser des individus, de plus en plus *connectés et acculturés aux pratiques numériques*.

De leur côté, les éditeurs d'outils numériques ont bien compris les enjeux. Et les chatbots - *ou agents conversationnels* - sont dorénavant bien installés dans leurs offres commerciales.

Mais on aurait tort de penser qu'ils ne concernent que les grandes entreprises. Les formules sont si nombreuses - *du sur-mesure au gratuit* - que les grosses comme les petites structures, peuvent y trouver leur compte, pour *les usages qui leur semblent pertinents*.

Ceux-ci ne cessent d'ailleurs de s'étendre, car l'apport d'un chatbot est moins anodin qu'il y paraît. Puisqu'il permet de réduire l'encombrement d'un service RH et de faciliter le recrutement. Ou encore d'apporter des ressources d'information, aux salariés dans leur contexte de travail.

Les responsables RH sont même 62%, a pensé qu'ils remplaceront bientôt les intranets.

Nous vous proposons ici de vous donner quelques repères, pour mener un projet de chatbot RH. Sans prétendre faire le tour du sujet, cette courte publication fait la pédagogie du projet (*Chapitre 1*). Et livre quelques clés pour agir (*Chapitre 2*). Notamment les usages RH développés par les éditeurs, mais aussi ceux développés par d'autres secteurs professionnels, afin de mettre en ouverture de réflexion.

Chapitre 1

Définir un chatbot RH

1.1. Compréhension et ouverture de réflexion

Un outil au service de l'efficacité

Les chatbots sont une innovation récente, qui a assez largement envahie les applications de messageries instantanées. Et les professionnels du marketing sont certainement les premiers, à avoir saisi tout le bénéfice qu'il est possible d'en tirer.

A telle enseigne qu'ils sont parmi les professionnels à avoir le mieux compris ce dont il s'agit.

Ce n'est pas le cas des professionnels RH, dont nous disions qu'ils ont peut-être perdu la main en matière d'innovation dans leurs missions. Tant est si bien, que « l'observatoire des chatbots » a pu mesurer en 2018, qu'ils ne sont que 22% à savoir ce qu'est un chatbot. Et que seulement 35% d'entre eux, en ont vaguement entendu parler.

Pourtant, *un chatbot est un outil au service de l'efficacité,* dont on estime qu'il va se généraliser dans le champ des RH au cours des prochaines années.

Pour éclairer ce type de projets, nous pensons utile d'appeler l'attention sur l'évolution du travail. Notamment vers davantage de qualitatif. Et sur le désir d'autonomie qu'expriment les salariés.

Mais aussi de préciser les bénéficiaires et les contributeurs, de ce qui est en fait *un outil de médiation des savoirs*.

Tout d'abord, une évolution qualitative du travail

La complexité et la ramification des savoirs

Travailler aujourd'hui dans une organisation, c'est se confronter à un ensemble de savoirs qui n'ont jamais été aussi étendus.

D'une part, les situations à traiter dans le cadre de son métier se sont complexifiées. Notamment à travers *des équipements toujours plus techniques*. Et par voie de conséquence, faisant appel à *des savoirs toujours plus nombreux*.

D'autre part, parce que les organisations sont elles aussi, toujours plus sophistiquées. Comme au travers de la digitalisation des process ; de l'infrastructure numérique et technique ; de l'élévation des qualifications des collaborateurs ; de l'adoption de chartes d'engagements RSE ; etc.

Soit, tout un ensemble de « savoirs explicites et tacites », avec lesquels un salarié doit désormais savoir composer.

Ce sont dans le premier cas - *explicites* - *les savoirs formalisés, qui structurent l'organisation :*

- Les documents d'analyse : les revues de projets ou de missions ; les retours d'expérience ; ...
- Les documents repères : charte culturelle ; charte internet ; charte d'engagements RSE ; ...
- L'énoncé : des procédures ; des fiches de fonction ; de l'organigramme ; des contraintes et des règles de sécurité ; ...
- Etc.

Et dans le second - *tacites* :

- Les savoir-faire liés aux métiers et aux expertises des uns ou
  des autres
- Les savoirs comportementaux liés aux contextes
- Les pratiques de travail
- Les tours de main
- Les astuces de travail
- Etc.

A ce jeu-là, les compétences techniques deviennent moins importantes pour les recruteurs que les softs-skills. Ce sont pêle-mêle : l'écoute ; la pédagogie ; l'agilité d'apprentissage ; les capacités à solliciter ou à transmettre ; la maturité digitale ; etc.

Les salariés ne s'y trompent d'ailleurs pas non plus. Ils sont ainsi assez unanimes sur les capacités qui s'imposeront dans un proche avenir. Ainsi, selon une étude du World Economic Forum, ils placent en tête :

- *La résolution de problèmes complexes*. C'est-à-dire intégrant
  de nombreux registres de compétences

- *La pensée critique*, qui nécessite des éclairages et donc
  une gestion des connaissances

- *La créativité*, qui permet de créer de la différentiation et de
  la rapidité d'exécution

Le travail nécessite donc plus que jamais, *de l'agilité personnelle*, devant le changement et la complexification du travail.

Une différenciation par la valeur des prestations de travail

Aujourd'hui, les organisations se différencient essentiellement par leur capacité à proposer de l'originalité et de la rapidité d'analyse et d'exécution.

C'est une situation dans laquelle la standardisation des produits, des services ou même des process, a perdu de son attrait. Ainsi, quelle que soit leur taille ou leur secteur d'activité, *les organisations sont happées par les impératifs d'une économie de la diversité.*
Dite aussi, de la variété.

Elle se caractérise en particulier, par :

- *Des innovations répétées*
- *De la flexibilité dans leur fonctionnement* ou dans la chaîne de valeur partenariale
- *De la personnalisation*, voire du sur-mesure, dans les produits ou services proposés

Il ne peut donc être question de voir les salariés, perdre du temps en déplacements superflus, ou de s'embarrasser de tracasseries administratives et techniques. Comme par exemple la recherche des coordonnées d'une personne à consulter, dans un annuaire d'entreprise.
Ou encore le temps perdu à rechercher un document spécifique, dans une base documentaire : un bon de commande ; un manuel d'utilisateur ; un retour d'expérience ; etc.

Valoriser une prestation de travail, c'est donc fluidifier l'accès aux savoirs explicites et tacites d'une organisation. Pour que chaque collaborateur délivre la meilleure prestation possible, dans un minimum de temps. Ou qu'un nouvel embauché, acquière rapidement de l'autonomie d'action.

Une collaboration renforcée autour de l'activité

Les salariés ont à l'égard du travail, des attentes différentes de par le passé. Le travail pour le travail ne séduit plus grand monde. Et il y a dans les nouvelles attentes individuelles à l'égard du travail, *le désir d'éprouver de la sociabilité.*

Il s'agit pour eux d'une question de bien-être, qui remplit plusieurs utilités :

- *Elle renforce les solidarités*
- *Elle permet d'apprendre d'autrui*
- *Elle réduit la distance physique ou catégorielle*

La collaboration par des moyens numériques, est donc un moyen de créer de la sociabilité au travail.

Elle n'est toutefois pas que cela. Les organisations ont en effet bien compris qu'elle est aussi *un moyen d'améliorer la valeur des prestations de travail.* Notamment parce qu'il s'agit d'un mode de travail, dont *la première vertu est de faciliter l'agrégation des savoirs.*

Il n'a jamais été aussi facile de mettre en relation, employés, techniciens, experts et encadrement. C'est-à-dire des catégories professionnelles et des métiers, qui ne se rencontraient avant la transformation numérique, qu'au terme d'une prise de rendez-vous. Parfois difficile à obtenir. Et ralentissant d'autant le déroulé des activités.

A cela, il faut ajouter que la collaboration est le mode de travail privilégié d'une économie de la diversité. Dans laquelle les organisations sont de plus en plus habituées à travailler en grappe de projets. Et avec des équipes plus ou moins fortement renouvelées, du fait de la nature des projets. Ou du départ des uns et des autres.

Mais ce serait aller un peu vite, que d'imaginer que la collaboration se met en place d'elle-même, du fait du seul bon vouloir de chacun !

C'est au contraire un mode de travail qui s'organise. Ce qui suppose aussi bien une évolution des comportements. Que la recherche des moyens techniques d'y parvenir.

Un outil de médiation des savoirs, parmi lesquels se trouvent les chatbots, est donc *un moyen de renforcer la collaboration et la valeur d'une prestation de travail.*

Ensuite, une demande d'autonomie

Parmi les attentes individuelles à l'égard du travail, ne se trouve pas seulement un désir de sociabilité. S'y trouve aussi celui d'une autonomie, qui va de pair avec l'intensité de leur engagement dans leurs missions.

Octroyer une liberté d'action. Celle d'accéder seul à de l'information. Ou de consulter directement celui ou celle qui détient une expertise ; sont autant de vecteurs d'engagement dans le travail.

L'autonomie, c'est en définitive, libérer les individus des contraintes fonctionnelles, informationnelles, administratives et techniques.

Elle suppose des moyens :

- *De s'informer*
- *De mettre en relation*
- *D'accéder à des documents*
- *De se repérer*
- *De consulter une base de connaissances*
- *Etc.*

C'est-à-dire un ensemble de services d'accompagnement, qui passent là encore, par un outil de médiation.

Pour suivre, ce qu'il faut entendre par « chatbot »

Nous y avons déjà fait plusieurs fois allusion, un chatbot est un outil né dans un contexte particulier. Celui ressenti par les organisations, *de faire mieux, plus vite et avec la plus grande originalité.*

Mais il convient de compléter cela, en disant d'un chatbot, qu'il est :

- *Un outil d'accompagnement et de facilitation*
- *Un outil numérique*
- *Un outil de médiation des savoirs*
- *Un outil d'intermédiation entre des publics*
- *Et un outil pour lequel il faut définir des usages*

Soit un ensemble de spécificités, qui permettent d'imaginer quels seront les intervenants nécessaires à la création d'un chatbot RH.

Enfin, les intervenants nécessaires à la création d'un chatbot RH

Comme nous venons de le laisser entendre, un chatbot RH n'est pas un outil intégralement clé en main. Il nécessite un travail qui réunit des professionnels de divers métiers. Que l'on peut qualifier de bénéficiaires ou de contributeurs.

Les bénéficiaires d'un chatbot RH

Parmi ceux-ci, il y a d'abord les professionnels RH eux-mêmes. Ils peuvent en effet trouver intérêt à cet outil, parce qu'il peut les aider dans leurs missions. Soit *pour diffuser de l'information*. Soit *pour recueillir des données*. Ou bien encore, *pour procéder à un filtrage*.

Pour citer quelques-uns de ces professionnels, il peut par exemple s'agir :

- *Des gestionnaires RH*. Ils renseignent les salariés et gèrent leur situation individuelle et administrative.

- *Des professionnels intervenant dans «le développement des RH»*. C'est-à-dire travaillant à garantir la formation des personnels. Réalisant les activités de filtrage, de sélection et de recrutement. Et qui participent *in fine* à l'intégration des nouveaux venus.

- *Des responsables de la communication interne, ou de la diffusion de la Marque Employeur*. Dont le rôle est de diffuser des contenus informatifs. Sur l'actualité de l'organisation. Sur les évènements RH. Ou sur son identité : charte d'engagements RSE ; politiques de ressources humaines ; avantages accordés aux salariés ; climat de travail ; ... Ou encore sur l'attractivité du territoire.

Au-delà des professionnels assumant des activités relevant du domaine des ressources humaines, il faut aussi compter parmi les bénéficiaires, les publics à qui sont destinées les informations délivrées par un chatbot.

Ce sont :

- *Les personnels ayant des besoins d'informations, liées à leur activité professionnelle*. Et qui par conséquent peuvent ressentir le besoin d'une assistance, sous la forme : de données de pilotage ; de conseils ; de supports techniques ; de fiches de procédures ; ...

- *Les personnels souhaitant simplement s'informer de leur situation personnelle* : versements salariaux ; jours de congés restant ; ...

- *Les personnels travaillant sur un mode distant, multiculturel et plurilingue,* rendant d'autant plus difficile l'accès à des informations. Puisqu'elle supposerait de longs déplacements physiques et des délais de recherche ; de consultation ; ...

- *Les personnels en phase d'intégration,* ayant donc besoin d'un accompagnement dans leur prise de fonction : codes d'accès informatiques ; documents ; procédures ; FAQ ; ...

- *Les personnels en fin de collaboration* et qui se posent des questions sur ce qu'ils doivent faire

- *Les visiteurs occasionnels,* comme les freelances ou des partenaires, qui ont besoins d'informations spécifiques et peut-être de se repérer dans un vaste site de travail, qu'ils ne connaissent pas ou peu. Par exemple un hôpital.

- *Les candidats à un emploi* souhaitant déposer leur candidature, ou simplement s'informer sur le contexte de travail, l'organisation et son territoire d'implantation

Les contributeurs d'un chatbot RH

Un chatbot est un outil destiné à diffuser des éléments de réponse, aux interrogations que se posent les utilisateurs. Les contributeurs à la création d'un chatbot RH, sont donc avant toute chose, des pourvoyeurs d'informations et de documents numériques.
Ce sont aussi, dans les projets de chatbots les plus pointus, des professionnels dotés de compétences informatiques.

On peut dès lors distinguer quatre groupes de contributeurs potentiels.

Tout d'abord celui formé de professionnels de l'information et de la documentation numérique. Ils sont de plus en plus nombreux à être intégrés dans les organisations.

On pense ici aux :

- Animateurs de communautés (Community manager).
  Notamment s'ils travaillent aussi à la Marque Employeur
- Knowledge managers, souvent intégrés aux directions ressources
  humaines
- Médiateurs numérique, chargés de projets numériques
- Professionnels de la veille d'information
- Document controllers, dont la mission est de fournir
  les documents relatifs à un projet de production sur les
  différentes étapes de réalisation

Ce sont ensuite les spécialistes d'un domaine de compétence particulier. Quel qu'il soit. Des consultants en développement durable par exemple. Et *qui formalisent à des fins de transmission* : leur retour d'expérience ou de projet ; des tutoriels ; la procédure de travail qu'ils ont défini pour traiter une problématique ; ...
Il peut donc s'agir : de techniciens ; d'experts métier ; de managers ; ...

Le troisième groupe de contributeurs sont les personnels RH. Ils sont certes bénéficiaires, mais participent aussi à alimenter le fonctionnement d'un chatbot.
Ils sont en effet régulièrement producteurs d'informations : fiches de fonction ; offres d'emploi ; formalisation des valeurs d'entreprise ; calendrier des évènements RH ; changement des affectations de poste ; ...

Le dernier groupe de contributeurs à la réalisation d'un chatbot, *se compose naturellement de spécialistes du numérique et de l'informatique.* Ce sont les professionnels des systèmes d'information présents dans les organigrammes. Ce sont aussi les prestataires externes, qui mettent à dispositions des applications logicielles et qu'il faut ensuite alimenter en contenus numériques.

Ou bien encore ceux qui réalisent à l'inverse, du « sur-mesure » ou des scénarii d'utilisation. Nous verrons quelques-unes de ces solutions lors du second chapitre.

Pourquoi s'intéresser à la création d'un chatbot RH

Cet outil né de la transformation numérique des organisations, est par nature une réponse à une problématique de diffusion d'informations, en lien avec le déroulé du travail.

L'utilisation d'un chatbot résulte donc d'une volonté d'améliorer les ressorts du travail. C'est ce qui lui confère une dimension RH, puisque « l'apport de ressources » et « l'amélioration des contextes de travail », sont en principe au cœur de cette discipline.

La création d'un chatbot RH, n'est donc pas portée par le désir de s'aligner sur une mode. Mais bien, sur *la volonté d'apporter une réponse, à des enjeux liés à l'évolution du travail.* Dont nous avons dit qu'il est toujours plus qualitatif. Qu'il exige davantage d'autonomie. Et se caractérise par un besoin de continuité, dans le cas de projets renouvelés. Ou dans celui *d'équipes régulièrement recomposées, qu'il faut accueillir, intégrer et instruire rapidement des situations.*

Par conséquent, il est intéressant de s'intéresser à la création d'un chatbot RH, pour répondre à des enjeux : de professionnalisation ; d'efficience des temps de travail ; d'amélioration de l'expérience employé et de la marque employeur ; de gestion des connaissances et de repositionnement des missions de la fonction ressources humaines.

Un enjeu de professionnalisation

La recherche de « professionnalisme », est l'une des conséquences de l'évolution du travail, que nous avons modestement décrite précédemment. Il ne s'agit plus aujourd'hui de savoir-suivre à la lettre des consignes ou des directives, mais de composer en situation, avec les ressources mises à disposition par son organisation.

C'est-à-dire, de s'adapter et de savoir improviser des solutions circonstancielles. Voire, de se détourner de ce qui avait été imaginé « d'en haut » - *l'encadrement ; les ingénieurs ; ...* - car rien ne se passe jamais exactement comme cela avait été prévu.

Il est donc davantage question « d'agilité » et de soft skills, que de pure exécution !

A cela il faut aussi ajouter, que *la recherche de professionnalisme, est le résultat de l'enrichissement permanent des métiers.* Dans lesquels les registres de savoirs s'entremêlent et s'étendent continuellement, *au point de réinventer régulièrement chacun des métiers.*
Qu'il y a-t-il par exemple de commun, entre un enseignant d'aujourd'hui et son prédécesseur, exerçant dans les années 1950 ?

Agir en professionnel, c'est par conséquent être doté d'un socle de compétences. Mais aussi savoir faire preuve d'agilité, pour s'adapter aux situations, ainsi qu'aux évolutions de son métier, afin de faire évoluer sa pratique professionnelle.

Et de fait, compte tenu de l'importance qui lui est accordée, le professionnalisme est un thème quotidiennement discuté en organisation. Et que chacun pense maîtriser. Elle est pourtant une notion souvent mal comprise.

En effet, qui n'a entendu de discussions sur le professionnalisme supposé des uns ou des autres ?

Elles prennent quasi systématiquement la forme de formules sentencieuses, comme s'il s'agissait d'une qualité qui est, ou non, possédée par une personne.

C'est généralement le signe d'une méprise. Ou d'une façon pour des managers, de s'exonérer de leur responsabilité en la matière.
Car s'il est vrai que les individus en détiennent la clé, par leur savoir-être, *il appartient néanmoins aux managers, d'en gérer les conditions d'apparition.*

De sorte que les personnels disposent dans leur contexte de travail :

- De temps d'apprentissage
- D'informations et de connaissances actualisées
- De moyens technologiques d'accompagnement
- De conseils techniques ou d'expertises

Et ce, pour que chacun puisse :

- Agir quotidiennement au mieux de ses capacités, où qu'il se trouve pour son travail
- Faire évoluer sa pratique professionnelle sur un temps plus ou moins court
- Traiter plusieurs registres de connaissances ramifiées, dans un minimum de temps
- Etre informé de l'évolution de son métier
- Connaître les solutions adoptées par ses pairs, lorsqu'ils sont confrontés à la même problématique
- Savoir identifier et consulter le détenteur des connaissances qui lui seront utiles
- Et le faire en autonomie pour une rapidité d'exécution

Pour parvenir à cela, il est nécessaire de doter les personnels d'outils technologiques, tel qu'un chatbot, pour faciliter l'accès aux savoirs et créer du professionnalisme.

Un chatbot est aussi, à l'inverse de la formation, une modalité qui fonctionne sur un temps court, voire instantanée. C'est là l'une de ses principales vertus, puisque le temps réduit, consacré à accéder à des connaissances, permet de valoriser une prestation de travail.

Un enjeu d'efficience des temps

Nous venons de le dire, le temps s'impose comme « une ressource de professionnalisme ». Ou un « critère d'appréciation » d'une prestation de travail.

Vouloir améliorer les deux, revient à s'intéresser aux tâches, ou aux pratiques professionnelles, qui *grignotent le temps de travail et bride l'activité* au sein des organisations.

Pour en avoir une juste idée et comprendre en quoi un chatbot RH peut être utile, il faut passer en revue les difficultés pratiques, ou techniques, les plus communes.

Tout d'abord celles qui génèrent de l'encombrement, dans les activités des directions ressources humaines, elles-mêmes.

En effet, lorsqu'on passe en revue les activités d'une direction ou d'un service RH, on est frappé par le nombre de sollicitations auxquelles il doit faire face.
Elles exigent de la part des personnels RH, qu'ils consacrent beaucoup de temps à répondre : aux courriers ; aux appels téléphoniques ; à l'accueil physique ; aux courriels ; aux sollicitations directes sur le Réseau Social de l'entreprise ; … , et bien sûr, qu'ils consacrent du temps à la recherche des éléments de réponse : information ; document ; dossier ; sollicitation d'un collègue ; lancement d'applications ; etc.

Il peut s'agir des questions très légitimes que les personnels se posent sur leur situation.

Ou qui sont en recherche d'informations pratiques, pour savoir comment procéder :

- Comment candidater à une mobilité interne ?
- Comment exprimer un souhait de formation ?
- Comment signaler un incident ?
- Etc.

Hormis les personnels, il peut aussi s'agir de candidats souhaitant s'informer : sur le contexte de travail ; sur l'attractivité du territoire d'implantation de l'organisation ; sur les éléments de profil souhaités pour un poste ; etc.

Ce sont des questions récurrentes, qui encombrent le fonctionnement de la direction des ressources humaines, qui perd là le temps qui lui serait utile pour des activités plus qualitatives.

C'est de plus la double peine ! Puisque cet encombrement dégrade aussi l'image de la direction RH, qui est de fait plus difficilement accessible.
D'autant plus que les personnels RH, ne sont en général pas très nombreux. En moyenne un professionnel RH, pour cent salariés. Soit un volume de temps forcément limité et qu'il est facile de saturer.

Ensuite, les difficultés qui concernent l'ensemble des personnels. Qu'ils soient RH ou non.

Ce sont les complications et les lenteurs d'accès à de l'information, qui font que l'on n'y accède pas forcément avec la fluidité souhaitée. Ce qui nécessite des temps, qui peuvent pénaliser la qualité ressentie du travail. Perturber la concentration. Voire exaspérer bon nombre de salariés.

Concrètement, il peut s'agir des difficultés suivantes.

- Difficultés liées aux contextes et aux modes de travail
Ils peuvent être en eux-mêmes des sources de difficultés d'accès à l'information nécessaire.

Chacun n'a pas dans ses activités professionnelles, une personne auprès de laquelle se renseigner, ni même un confort d'utilisation : pour rechercher un document ; consulter un annuaire d'entreprise ; perdre du temps en discussions verbales ; ...

Il faut avoir à l'esprit que désormais chacun ou presque, travaille avec des outils numériques. Les plombiers connectés en wifi avec leur siège administratif pour faire instantanément parvenir un bon de commande. Un technicien intervenant en rase campagne pour contrôler le fonctionnement d'une éolienne. Un manutentionnaire dans un entrepôt logistique. Etc.

Moins les manipulations sont nombreuses et mieux cela est en termes de qualité de prestation, de confort d'utilisation et d'expérience employé.

- Difficultés liées à la dispersion de l'information
Celle-ci peut être fragmentée entre plusieurs applications métier - *progiciel* - ou entre plusieurs services fonctionnels d'une organisation. Et qu'il faut par conséquent questionner à tour de rôle.

- Difficultés liées au repérage de fichiers numériques
Le dépôt et l'accès aux fichiers d'une organisation dans un serveur, peut souffrir d'une indexation plus ou moins réfléchie. Parfois connu de son seul créateur. En conséquence de quoi, il n'est pas forcément aisé de repérer le sens et le contenu d'un fichier numérique.
Toutes les organisations sont encore loin d'avoir adopté un outil de Gestion Electronique des Documents (GED), qui facilite le repérage des fichiers par ajout de commentaires.

- Difficultés liées à la chaîne technique

Les manipulations pour accéder à de l'information numérique, peuvent être excessives : accéder à l'outil - *PC ; tablette ; ...* - démarrer l'outil ; lancer une application ; parcourir un ou plusieurs menus ; naviguer dans les résultats de recherche ; lire des intitulés de dossiers ou de fichiers parfois peu compréhensibles, dont nous disions qu'ils peuvent être de surcroît plus ou moins bien indexés ; etc.

Il s'agit donc de tout un ensemble de difficultés et d'encombrements, qui dégradent l'expérience employé. Et par voie de conséquence, la qualité perçue du travail réalisé et la marque employeur.

Un enjeu de valorisation de l'expérience employé

L'expérience employé, c'est simplement ce que vit le salarié dans le cadre de sa relation de travail. Elle relève aussi bien du cadre de travail - *les conditions ou les moyens de travail* - que de la Qualité de Vie au Travail (QVT) réelle ou perçue, ou encore des services offerts aux salariés par l'organisation : possibilité de télétravailler ; prise en compte des problématiques individuelles et personnelles (*situation d'aidant familial ; ...*) ; ...

Valoriser ou piloter l'expérience employé, revient à concevoir, ou à faire évoluer :

- Une organisation du travail
- Une organisation numérique
- Un style de management
- Des process
- Des services d'assistances
- La consultation des personnels

- Les interactions sociales entre collègues
- L'association des salariés sur des projets
- Etc.

Nous venons de le dire juste avant, les difficultés rencontrées par les salariés pour accéder à de l'information, dégradent aussi bien l'expérience employé, que l'expérience candidat.

Par exemple, en générant du stress. Qui apparaît lorsqu'un individu doit traiter en un temps limité, plusieurs gammes de savoirs et qu'il rencontre de surcroît, des difficultés techniques pour y parvenir.
Mais on aurait aussi bien pu citer en exemple, le simple besoin de repères, pour s'orienter dans l'enceinte même d'une organisation de grande taille.

Quant à la qualité de l'expérience candidat, elle peut tenir à la facilité d'accès à de l'information mise à disposition par l'organisation, sur le poste ou le territoire d'implantation.

Piloter l'expérience employé, c'est enfin naturellement s'intéresser aux moyens de garantir le professionnalisme de ses personnels : actualité des outils ; gestion des connaissances ; autonomie acquise ; ...

Un chatbot, s'il n'est évidemment pas le seul moyen d'y parvenir, est un outil, qui, s'il est bien pensé, peut contribuer à améliorer l'expérience employé.

L'attention portée à soutenir les salariés, plutôt qu'à les contraindre, est par ailleurs un élément à mettre au crédit de la marque employeur d'une organisation.

Et cela représente un enjeu pour toute organisation, confrontée à des difficultés de rétention de ses personnels. Ne serait-ce que parce que toutes les organisations sont en concurrence entre elles, en matière de recrutement.

Un enjeu d'apport permanent de connaissances

Nous y faisons allusion depuis le commencement de cette publication, la gestion des connaissances est un enjeu dont il faut s'emparer et qui intervient à des niveaux différents. Celui de l'organisation. Celui de l'activité. Celui de l'efficacité collective. Et enfin celui de l'expérience employé.

Reprenons les dans l'ordre.

L'économie de la diversité, dont nous avons parlé, interdit à toute organisation d'adopter une posture d'immobilisme. Dans laquelle elle pourrait toujours fonctionner de la même manière. Selon les mêmes process. Et délivrant les mêmes prestations. L'apport de connaissances se présente alors, comme *une garantie de son évolution et de ses remises en cause.*

De la même manière, dans le déroulé de projets ; dans des activités de terrain ; dans celle du traitement d'une demande téléphonique ; ..., la connaissance, le rapprochement de savoirs entre son détenteur et celui qui en a besoin, l'accès à une information dans un temps limité, sont des critères d'appréciation de la qualité du travail réalisé.
Pour chacune de ces situations, la gestion des connaissances est *une clé de succès.*

L'efficacité collective, c'est naturellement la conséquence de la façon dont est traitée la question du professionnalisme. Chacun devine le rôle qu'y joue le respect des obligations légales de formation, mais il faut toutefois avoir à l'esprit les faiblesses de ce système. Le temps qui s'écoule entre l'identification d'un besoin de formation, l'achat de prestation et son organisation effective, peut être très long. Les salariés peuvent parfois attendre jusqu'à 18 mois pour obtenir la formation désirée.

D'où la nécessité de compléter ce système, de solutions techniques, permettant *l'accès direct et automatique des salariés, aux connaissances qu'il leur faut.*

La gestion des connaissances est enfin un impératif en termes d'expérience employé. En effet, tout salarié ayant bien compris qu'il lui est utile, sinon nécessaire, pour son devenir, de détenir un projet professionnel, sera sensible à la façon dont une organisation se propose d'assumer son développement professionnel.
C'est donc un élément d'attractivité pour attirer des collaborateurs.

Un enjeu de repositionnement de la fonction ressources humaines

Tout ce que nous venons d'égrener autour de la présentation des quatre enjeux qui précédent, invite à repenser la fonction ressources humaines (FRH).

Il faut dire qu'elle revêt en organisation des visages très différents. Tantôt pleinement agissante, à la fois stratégique et en phase avec l'actualité du domaine. Tantôt encore attachée à une vision traditionnelle, axée sur ses missions d'origine et envahie de tâches administratives.

Pour mieux accompagner les salariés et les organisations dans les défis qu'ils rencontrent, les personnels agissant au nom de la FRH, doivent faire évoluer leurs missions et leurs logiques de travail.

En effet l'évolution qualitative du travail ; la demande d'autonomie ; les exigences de professionnalisme ; ... , poussent celle-ci à s'adapter. Et par conséquent, à s'approprier les impératifs du pilotage de l'expérience employé. Notamment à travers des missions à plus forte valeur ajouté. Ou à travers des services RH offerts aux salariés.

Pour se convaincre du besoin de repositionner la FRH, il est bon d'avoir en tête les critiques communément formulées à son égard, par les managers et les collaborateurs. Et même par les spécialistes RH eux-mêmes.

Ils estiment assez unanimement, que les directions RH, ne sont pas assez stratégiques, pas assez individualisées et souvent inaccessibles. Quand ils ne pensent pas tout bonnement, qu'elles sont résolument conservatrices et sources de blocages des évolutions.

Il en va de même en ce qui concerne l'organisation du travail - *à laquelle concourent conjointement les RH ; les managers ; les directions des systèmes d'information ; ...* , - qui est taxée de ringardisme par près de 50% des cadres !

Un chatbot RH n'est sans aucun doute pas la solution ultime, mais c'est en tout cas un moyen simple et peu coûteux, de travailler à corriger ces opinions.

Les éditeurs de logiciels de gestion ont d'ailleurs bien flairé l'opportunité, puisque ce type d'outils tend à devenir un incontournable, dans leurs packages commerciaux.

Cadre d'analyse

Après les développements précédents. Visant à comprendre en quoi un chatbot s'inscrit dans une recherche d'efficacité. Et à identifier les enjeux auxquels ils se rattachent. Il faut maintenant replacer celui-ci, dans ses univers techniques ou disciplinaires.

Ce n'est pas seulement une nécessité pédagogique, c'est aussi une façon de délimiter un cadre d'analyse. Pour affiner la compréhension du projet. S'en imprégner. Et aller y piocher des idées ou des techniques, à partir desquelles composer une méthodologie et un plan d'action.

Nous vous proposons ici les cinq univers ou champs d'analyse suivants.

Un univers numérique et informatique

Pour éclairer davantage ce qu'est un chatbot, que nous ne l'avons fait jusqu'à présent, il faut préciser que parler « d'un » chatbot, est une expression trompeuse.
Le fait est que l'on imagine d'emblée un outil stable dans la forme et conçu pour un usage unique et invariant.

Or il n'en est rien, en raison des évolutions des technologies de l'information, qui modifient le fonctionnement à mesure de ses progrès. Ou encore, en raison de l'évolution des usages qui en est fait, tels qu'ils sont imaginés par les éditeurs d'applications logicielles.

Voyons ce qu'il nous semble intéressant de savoir pour notre problématique.

Un fonctionnement « en ligne », issu des technologies de l'information

Un chatbot, est une application qui fonctionne « en ligne ». Il est donc lié aux technologies du « web ».

Pour l'heure, les chatbots s'appuient sur la version du web que nous connaissons aujourd'hui. Celle dite du web 2.0. Mais cette version cède peu-à-peu la place à une nouvelle version, logiquement dénommée 3.0.

Si cette dernière n'est à ce jour ni définie, ni stable dans ses évolutions, il est à peu près acté qu'elle sera une forme de web sémantique, en lien avec des objets connectés et reposant sur des bases de données relationnelles. Le tout couplé à des algorithmes d'apprentissage autonome.

De cela, il faut retenir que les possibilités offertes par les chatbots, vont très certainement s'étendre dans un avenir proche. *Et approfondir sans doute, les possibilités d'automatisation dans le travail.*

Dans cet univers numérique, « un bot » est une application conçue pour aller chercher de l'information, ou bien la collecter auprès de plusieurs sources, à partir de la saisie d'un texte, ou simplement à partir d'une commande vocale.

Ce type d'applications n'a en général pas d'interface propre et se trouve intégré dans un portail numérique, ou dans une application de messagerie instantanée. Du type Réseau Social d'Entreprise : *Skype for business ; Slack ; Facebook Messenger ; ...*

Sur le plan des technologies numériques, un bot se compose :

- D'un formulaire de conversation pour envoyer des demandes et restituer en retour les résultats

- D'une analyse de la commande
- D'un arbre conversationnel permettant de créer et de suivre la conversation
- Et d'une partie API - *Interface de programmation applicative, en français* - spécifique au métier de « développeur » et qui permet à ces derniers de coupler le chabot à un progiciel ; un portail web ; etc.

Ils sont aussi parfois dotés d'un algorithme d'apprentissage automatique.

Des bots d'efficacité ou de productivité

Devançant les professionnels RH sur le plan de la facilitation du travail, les éditeurs ont imaginé à cette fin tout un ensemble de bots, dit, de productivité. Ils sont bien entendu chargés de faire gagner du temps à chacun, dans le cadre de son travail. Et intègrent donc les exigences du travail d'aujourd'hui, auxquelles nous avons déjà fait allusion :

- La rapidité d'accès à l'information, voire l'instantanéité
- La disponibilité 24/24h
- La facilitation des échanges avec celui qui sait
- Le travail en collaboration
- L'autonomie
- La diminution de l'encombrement des services RH ou autre
- La gestion des expériences. Notamment l'expérience candidat, en relation avec la Marque Employeur

De fait, les éditeurs ont créé des bots que l'on peut classer comme suit :

- *Les bots proactifs, ou disposant d'une fonctionnalité « push ».*
  Par exemple pour notifier des évènements

- *Les **bots sociaux***, destinés à faciliter les échanges collectifs. Par exemple : pour voter et prendre une décision sur un mode collaboratif ; pour fixer une réunion ; etc.

- *Les **bots de service***, c'est-à-dire diffusant de l'information sur demande. De manière à décharger des équipes de travail - *le service RH par exemple* - des questions les plus récurrentes. Il peut par exemple s'agir d'une « Foire Aux Questions »

- *Les **bots marketing***. Qui sont destinés à diffuser de l'information, mais qui s'attachent aussi à créer une émotion dans l'expérience vécue par l'utilisateur.

Il n'est d'ailleurs pas nécessaire de choisir l'un ou l'autre de ces bots, puisqu'il est techniquement possible de mettre en place un « *agrégateur de bots* ». C'est-à-dire un point d'accès unique, servant de plateforme, qui permet de coupler les types de bots.

Un univers documentaire

Au-delà de ses aspects techniques et informatiques, **un chatbot est avant tout chargé de délivrer de l'information**. C'est-à-dire qu'il relève aussi et peut être surtout, du domaine de l'information et de la documentation.

C'est un domaine dans lequel les professionnels travaillent quotidiennement, au moyen d'outils numériques, accessibles en ligne. Comme un portail documentaire, ou bien sûr un chatbot.

Ce sont des outils qui fonctionnent autour de ce qu'il est convenu d'appeler, un front office et un back office.
Le premier, est la seule partie visible de l'utilisateur. Quant au back office, c'est la partie que ne voit pas l'utilisateur, mais dans laquelle le gros du travail documentaire est réalisé.

Voyons ce sur quoi repose un système documentaire et qui mérite d'être retenu.

Les bases de connaissances qui constituent le socle du système

Un système documentaire repose sur des bases de connaissances, qui constituent la mémoire d'une organisation.

Nous avions à ce propos, fait précédemment le distinguo entre *les savoirs tacites et explicites*. Dont nous avions dit pour ces derniers, qu'ils sont le fruit d'un effort de formalisation :

- Les retours d'expérience
- Les fiches de fonction
- Les procédures
- Les affectations de poste et les coordonnés : adresse mail ; numéros de poste téléphonique ; ...
- Les évènements RH prévus
- Les données et les décisions de pilotage
- Etc.

Soit un ensemble de connaissances plus ou moins hétérogènes par leur nature. Mais également par *leur « format » et leur lieu de stockage.*

Nous entendons par « format », les extensions de fichiers que nous rencontrons tous sur nos ordinateurs.
Les : .doc ; .pdf ; .png ; .jpg ; ...

Ce sont ces fichiers qui constituent la mémoire numérique d'une organisation et qui peuvent être stockés sur ses serveurs en interne. Dans des applications métier, SIRH par exemple. Ou bien sur les serveurs d'un éditeur. Voire encore directement sur le web lui-même, le cloud en l'occurrence.

Un chatbot sera donc pourvu d'une base de connaissances, qu'il faudra peut-être produire ou alimenter. Et qui devra de plus, être capable de prendre en charge plusieurs types de formats de fichier.

Il faudra donc s'interroger : sur les documents à produire et à conserver ; sur leur format et sur leur lieu de conservation.

Les techniques d'interrogation des bases de connaissances

Les bases de connaissances qui constituent le système documentaire, n'ont de chance d'être exploitées que si elles sont complétées d'un *outil de consultation*. Car c'est lui qui permet d'accéder aux informations.

C'est le rôle dévolu à un logiciel, qui est conçu autour d'une technique plus ou moins avancée, proposé par un éditeur.

Ce peut être un « moteur de règle », fonctionnant à partir de « mots clés » pour exécuter des tâches ou des process. Il permet d'effectuer un traitement automatisé et repose sur une base de données relationnelle. Le travail consiste donc ici à choisir les mots clés. De préférence pour qu'ils fassent échos aux relations de la base de données.

Ce rôle peut aussi être dévolu à une intelligence artificielle. C'est un système plus sophistiqué que le précédent, qui fonctionne avec *un algorithme d'apprentissage, ce qui lui permet de s'améliorer seul, à mesure que les utilisateurs posent des questions.*

Pour faciliter les usages, quelle que soit la technique d'interrogation, l'outil de consultation peut être activé, soit par une saisie de texte, soit par commande vocale.

Il est utile de noter, qu'en fonction de qu'il sera décidé, la technique la plus sophistiquée n'est pas forcément la meilleure.

Le niveau d'information à délivrer

C'est une question qui est en fait plus complexe qu'il y paraît, car elle oblige à poser également des questions subsidiaires

- Veux-t-on personnaliser l'apport d'information métier ?

Cela revient à étudier les besoins spécifiques d'information, des futurs utilisateurs dans leur contexte de travail.

- Veux-t-on personnaliser l'information pour en faire un outil d'apprentissage ?

Dans ce cas il ne s'agit plus seulement de soutenir les utilisateurs dans leur activité quotidienne. Mais aussi de considérer le système documentaire - *le chatbot en l'occurrence* - comme un outil de formation ou d'apprentissage autonome.

Et dans ce cas, certains outils, autres qu'un chatbot, ont été imaginés spécialement pour cela.

Il existe en effet des outils, dit, de « *captation des savoirs informels ou tacites* ». Comme par exemple la solution Speachme. Ou encore des solutions « *de partage des savoirs* ». Comme Elium, anciennement Knowledge Plazza.

- Quels seront les métiers et les niveaux des utilisateurs ?

C'est la question du périmètre utilisateur. Plus il est large et pointu, plus il faudra consacrer du temps à la réalisation des bases de connaissances. Il faut donc choisir le ou les métiers, à qui un chatbot est destiné. Ainsi que le niveau des utilisateurs : ingénieur ; technicien ; ouvrier ; ...

- A quels moments l'humain reprend-t-il la main ?

Pour être concret, imaginons la situation où des techniciens intervenant sur un parc d'éoliennes, interagissent vocalement avec un chatbot pour obtenir du conseil technique de premier niveau.

On peut estimer que pour des questions très pointues, le chatbot mette automatiquement en relation avec un expert.

- L'information à délivrer sera-t-elle personnelle et collective ?
Ce sont les éléments gérés par les directions ressources humaines, ainsi que les aspects collectifs : évènements RH ; ...

De ce court exposé sur le niveau ou périmètre d'information, il faut retenir que le travail à réaliser peut vite prendre d'importantes proportions. Mais aussi, *qu'en fonction de l'objectif visé, il existe d'autres outils que les chatbots pour y répondre.*

Les producteurs de connaissances
Le système d'information se compose enfin d'acteurs, qui alimentent la base de connaissances. Il convient donc de désigner ces acteurs. Ainsi que ceux qui seront autorisés à déposer des fichiers sur ces bases.

Ce sont les fameux contributeurs que nous avions mentionnés plus haut.

Le champ de la création de service

La mise en place d'un chatbot RH, c'est en définitive apporter du service à des utilisateurs. Il faut alors raisonner en termes de création de service.

Voyons ce qu'il faut entendre par là et qui s'avèrera utile.

Un design de service s'attache à créer une désirabilité et s'intéresse pour cela aux fonctions et aux contextes d'utilisation. C'est cette réflexion qui permet de *formuler des scénarii d'utilisations.*

Les fonctions à remplir par un service, en l'occurrence un chatbot RH, sont à la fois :

- **Des fonctions d'usage.** Ce sont les besoins que le service devra remplir au bénéfice des utilisateurs

- **Et des fonctions dites d'estime** : la sécurité apportée ; l'ergonomie d'utilisation ; la praticité ; l'aspect ludique de l'outil ou du service ; l'apparence de « l'avatar » ; ...

Lors de la définition d'un service, on ne peut donc se contenter d'une réunion d'entre soi. Les seuls personnels RH par exemple. Pour réaliser un travail qualitatif et définir les scénarii d'utilisation, il faut dans l'absolu réunir :

- **Des utilisateurs**, pour dire leurs besoins

- **Les managers des utilisateurs**, pour compléter les dires des premiers et parce qu'ils participent à définir l'organisation du travail

- **Les experts internes**, pour dire à quels moments il est préférable qu'ils reprennent la main

- **Des professionnels de la documentation et de l'information** ; pour indexer ; pour cartographier les ressources numériques ; pour procéder à des recherches ou à des veilles d'information ; ...

- **Des personnels RH**, qui connaissent les questions les plus récurrentes qui leurs sont adressées ; des Digital Learning Managers ; etc.

Le champ des ressources humaines et du digital RH

Le champ des ressources humaines est un domaine en pleine évolution. Alors qu'il était encore jusqu'à récemment, le domaine qui traite les affaires liées : à l'administration des personnels et à la paye ; à la formation ; au recrutement et à la mobilité interne ; ... , *il est de plus en plus amené à se repositionner.*

Et pour cela à revoir ses façons de travailler. A la fois ses process, ses logiques de travail et même les métiers qui y interviennent.

Il faut dire qu'aux activités que nous avons rappelées ci-dessus, s'ajoutent des problématiques sur lesquelles les professionnels RH ont une légitimité à faire valoir. Ce sont des problématiques qu'ils avaient laissées de côté jusqu'à présent. Ce sont aussi des problématiques qui apparaissent : sous la poussée des évolutions du travail ; celle des changements de la rationalité des individus - *toujours plus formés et en quête de sens* - et en lien avec les transformations sociétales.

Pour citer quelques-unes de ces problématiques, il s'agit :

- De la nécessité de donner du sens au travail
- D'entreprendre des démarches de Responsabilité Sociétale
  des Entreprises
- D'associer les salariés aux décisions
- De piloter l'expérience employé
- De revoir l'immobilier d'entreprise et les aménagements
  de bureaux
- De favoriser l'agilité organisationnelle et l'apprenance
  des individus
- De faciliter l'intégration des nouveaux venus et la continuité du travail, dans une époque où les effectifs peuvent être très vite renouvelés

- De disposer d'atouts dans la concurrence en matière
  de recrutement
- De concevoir une Marque Employeur
- Etc.

Nous nous limiterons toutefois ici, à ce qui nous intéresse pour notre problématique de conception ou d'acquisition d'un chatbot RH.

Voyons ce qu'il y a d'intéressant, à retenir des évolutions de ce champ d'analyse.

De nouvelles orientations en lien avec le digital RH

Les progrès des outils numériques, qui se consacrent aux activités de la fonction ressources humaines (FRH), permettent aujourd'hui de multiples possibilités d'améliorer le travail qu'elle réalise.

Les impératifs du pilotage de l'expérience employé, amène la FRH à vouloir *développer l'engagement des salariés*. Ainsi d'ailleurs que de *satisfaire à leur réflexe communautaire*. Les individus ont en effet aujourd'hui, *le désir de vivre une forme de sociabilité au travail*. Au point de ressentir parfois une plus grande fidélité à l'équipe, qu'à l'organisation qui les emploie.

En conséquence de quoi, le digital RH livre quantité d'outils pour soutenir l'engagement et le collectif :

- Des logiciels d'identification des besoins de formation
- Des fonctionnalités de gamification
- Des solutions de curation d'information à dimension sociale
- Des plateformes de partage des connaissances
- Des fonctionnalités de présentation des profils individuels
- Des logiciels de suivi des changements culturels
- Des logiciels d'orientation professionnelle

- Des logiciels de consultation
- Des outils d'apprentissage en ligne (le digital learning)
- Etc.

A côté de ces outils, qui améliorent la relation avec les personnels, existent aussi d'autres outils qui cherchent eux, à améliorer les process RH. Par exemple, en proposant l'automatisation du process de recrutement, fonctionnant d'ailleurs à partir d'un moteur de règles.

Ces outils d'automatisation, permettent de décharger les personnels RH de tâches simples, mais chronophages, ne participant en rien à la qualité du travail de la FRH.

Les usages pouvant être attribués à un chatbot RH
Sans surprise, *ces usages sont liés à une amélioration de l'expérience employé et facilitent en même temps le travail d'une direction RH*, puisqu'ils diminuent le nombre de leurs sollicitations.

Ils correspondent aux fonctions d'usage suivantes :

- Une fonction d'assistance personnelle du quotidien
Dans laquelle le chatbot permettra : de programmer un agenda ; de répondre à un mail ; de réserver une salle ; ...

- Une fonction de conseil professionnel et de support technique
Le chatbot sera chargé de délivrer du conseil managérial et d'activité, à partir d'un algorithme d'auto apprentissage. Comme l'éditeur *ZestMeUp* souhaite le proposer aux personnels RH. Ou encore, comme le chatbot « Cécile », de SopraRH Software, destiné à conseiller les experts juridiques.

- Une fonction d'information administrative et personnelle
Le chatbot fournira des informations ou des fichiers : droit à la retraite ; nombre de jours de RTT ; entretien annuel ; bulletin de paie ; etc.

Il comportera à cette fin une fonctionnalité de coffre-fort numérique.

- Une fonction d'informations pratiques (FAQ)
Le chatbot facilitera l'accès à un annuaire ; permettra de se repérer dans l'enceinte d'une organisation ; délivrera des fiches de procédures sur demande ; etc.

- Une fonction communautaire et de collaboration au travail
En discutant avec un chatbot, on accède à un annuaire enrichie, où chacun renseigne son profil, couplé à un outil collaboratif de gestion de projet. Il donne également accès à une création partagée de tutoriels. Il peut aussi être couplé à une fonctionnalité permettant de demander un feed back à ses collègues. Par exemple *le chatbot « Jackson », de l'éditeur Davéo.*

- Une fonction de gestion des connaissances
Le chatbot peut ici fournir de l'actualité métier, composée par un spécialiste de l'information, qui se consacre à réaliser de la veille métier. Il peut aussi permettre d'accéder sur demande, à des capsules de formation. Etc.

- Une fonction de modernisation de la marque employeur et de présélection des candidats
Ils permettent ainsi d'améliorer l'expérience candidat, comme le pense par exemple un responsable de la marque employeur du groupe La Poste.

Les métiers qui apparaissent au sein des directions RH

Tout un ensemble de métiers qui n'existaient pas jusqu'à récemment, rejoignent de plus en plus les directions ressources humaines. Chacun peut à sa manière être intéressé par la mise en place d'un chatbot RH.

Parmi ceux-ci, on peut citer :

- *L'Animateur de réseau social.* Notamment parce qu'un chatbot RH peut être intégrer à un réseau social d'entreprise

- *Le Chief freelance officer.* Parce qu'il doit régulièrement délivrer les mêmes informations pratiques, aux travailleurs indépendants qu'il accueille. Et qu'il lui est donc nécessaire, de valoriser leur expérience de travail.

- *Le Responsable de l'expérience employé*

- *Le Knowledge manager*

- *Le Digital Learning Manager*

Nous nous arrêtons un instant sur ce dernier métier, car nous pensons qu'un chatbot est un outil qui peut l'intéresser.

En effet, ce métier est à la croisée des traditionnels responsables de formation et de la veille d'outils numériques pédagogiques. Il a vocation à proposer des solutions de parcours individualisés, pour permettre à chacun de monter en compétence. Il passe donc un temps important en veille d'outils numériques.
Notamment sur les technologies de l'éducation. Par exemple en consultant en ligne « *l'observatoire des EdTech* ».

Le champ culturel et collectif
d'une organisation

Introduire un nouvel outil dans le fonctionnement d'une organisation, conduit immanquablement à s'interroger sur les conséquences culturelles. Et ce, même si l'outil peut de prime abord paraître anodin.

Car une organisation est avant toute chose, une construction, qui mêle : une intention - *la mission d'entreprise* ; rassemble autour d'elle des individus ; leur attribue des rôles ; leur confie des outils ; ... , *et dans laquelle naissent des usages et des habitudes de travail.*

Et tout cela d'une façon qui lui est propre et la différentie des autres organisations.

C'est en définitive un système composé de rouages, qui lorsque l'on en change un, ou en ajoute un nouveau, a besoin d'être repensé. A la fois, pour contrôler la cohérence du tout et pour évoluer vers un nouvel équilibre de fonctionnement.

Voyons ce qui dans le champ culturel peut nous être utile.

Une cible organisationnelle et professionnelle
Une culture d'entreprise est attachée à l'agencement organisationnel et professionnel, qui a été décidé pour réaliser sa mission. C'est autant une question de structuration que de fonctionnement.

On peut dire qu'elle tient à sept ingrédients majeurs.

- *Les ressources humaines*
On pense ici aux individus qui seront nécessaires. Notamment pour leur métier ; leur maturité professionnelle ; leurs savoir être ; leur polyvalence ou leur autonomie ; leur maîtrise des outils auxquels ils sont habitués ; ...

- *L'infrastructure numérique et technique*

Les équipements, l'outillage, les applications numériques, ... C'est-à-dire, tout ce avec quoi les ressources humaines vont travailler. Mais aussi de la façon dont ces outils s'associent les uns aux autres.

- *L'organisation du travail et son management*

C'est tout ce qui est formalisé à propos de la répartition des rôles, des attributions et des responsabilités de chacun. Ou encore les choix fait en matière d'autonomie ; de polyvalence ou de redondance de compétences dans les équipes ou les services ; ...
On pense naturellement aux fiches de fonction avec leur critères de réalisation ; aux descriptifs de savoir être ; aux process de travail ; ...

- *Les modes de travail et les échanges*

Ce sont les façons de communiquer, de travailler et de se coordonner, entre métiers, services et entre catégories professionnelles. Voire même avec l'extérieur.
Nous avions dès le début de cet ouvrage mentionné : le mode projet et le mode collaboratif. On aurait aussi bien pu parler : de travail distant, de mode horizontal ; ...

- *La prise en charge du professionnalisme*

C'est la façon dont est pris en charge - *ou non* - le soutien aux ressources humaines. On pense ici : à la gestion des connaissances et des ouvertures de réflexion ; au soutien de l'autonomie ; aux rôles des experts et des managers dans l'accompagnement ; ...

- *Les temps d'analyse et d'exécution que permet l'organisation professionnelle*

- *La gestion du devenir du collectif*

C'est la capacité à innover pour durer, qui repose sur tout ce qui précède.

Une gouvernance

La gouvernance a pour rôle de différencier une organisation, en lui donnant *un style particulier dans la conduite de ses affaires.*

Une gouvernance s'intéresse donc :

- A la façon dont s'exécutent les décisions
- A la constitution d'un écosystème social favorable aux ajustements informels et aux idées
- Aux circuits d'information et d'échange
- A l'émergence des savoirs tacites
- Aux valeurs qui structurent la culture d'entreprise
- Au partage des connaissances
- Etc.

Les expressions d'une culture d'entreprise

Pour faire court, l'organisation professionnelle et du travail, donne lieu à une culture qui s'incarne :

- Dans des pratiques de travail
- Dans des comportements
- Dans des compétences
- Dans des capacités d'innovation
- Dans des formes d'assistances spontanées ou informelles entre individus
- Dans une attention à l'égard de l'information et de l'ouverture de réflexion
- Etc.

Un équilibre de fonctionnement

Modifier le fonctionnement d'une organisation, c'est toucher à un consensus ou à un équilibre de fonctionnement. Notamment *fait d'habitudes de travail, qu'il faudra accompagner dans leurs évolutions.* Cela suppose donc, qu'on ne peut s'en remettre aux seules bonnes volontés de tout un chacun pour y parvenir.

Contenu méthodologique

Méthodologie

La délimitation du cadre d'analyse que nous avons développé ci-dessus, nous permet d'identifier quelques techniques et méthodes pour composer une méthodologie.

On peut ainsi imaginer retenir la méthodologie suivante. Il ne s'agit bien sûr que d'une proposition et elle peut tout à fait être amendée, corrigée et adaptée, en fonction de la dimension du projet.

Pour structurer, planifier et jalonner le projet
- *Phasage par courbe en V*

C'est la formalisation d'un visuel, sous la forme d'un diagramme en V. Il permet de structurer les réflexions, sur les différentes étapes d'un projet.

- *Formalisation d'une fiche projet*

Gérer un projet nécessite un pilote et des intervenants. Pour que le projet soit clair pour tout le monde, il est nécessaire de formaliser un document repère, qui précisera :

- L'objet du projet
- La ou les valeurs d'usage recherchées
- La présentation du contexte et l'état des lieux
- La faisabilité
- L'optique ou les optiques retenues
- Le pilote et les intervenants (qui fait quoi ?)
- Le périmètre de réalisation
- Les cibles : bénéficiaires et contributeurs
- Un planning indicatif des étapes de réalisation
- Les dates de réunions
- La méthodologie

- Le choix d'un outil numérique pour faciliter l'information et le suivi de chacun
- Etc.

Pour mettre en ouverture de réflexion

● *Veille et recherche d'information*

Ces techniques appartiennent au domaine de l'information et de la documentation. Elles visent à donner à moment donné ou à suivre en continu, l'actualité d'une thématique. Elles fonctionnent à partir de l'identification de sources et de la curation de contenus.

Ce sont les techniques de base, employées en Knowledge Management et en Intelligence économique. Elles servent aussi à mettre en ouverture de réflexion, lors d'une gestion du changement. Ou pour générer des idées.

On pourra donc y recourir pour faire le point sur les usages RH, développés par les autres organisations et proposés par les éditeurs. Pour ne pas fermer la porte à l'imagination, il est aussi intéressant d'explorer les usages développés dans d'autres domaines, que celui des ressources humaines. Nous verrons quelques-uns de ces usages à la fin de cet ouvrage.

Pour identifier les besoins internes

● *Audit et Analyse de pratiques*

« L'audit » et « l'analyse de pratique », visent à *répondre rapidement à une question posée*. On peut vouloir tester la conformité d'un déroulé ; explorer le fonctionnement d'un process ; d'une pratique professionnelle ; ...

Ces techniques permettront de décortiquer une activité, pour savoir comment procèdent les personnels dans leur contexte de travail. Et donc d'identifier la façon dont on peut les soutenir dans leurs activités.

Pour imaginer et innover
● *Design de service*

Le design de service - *tiré du Design Thinking* - consiste à appréhender une problématique sous un angle systémique. On ne limite plus l'analyse - *comme on le fait dans un audit* - sur un seul aspect d'un problème. Au contraire, on élargit celle-ci aux « à-côtés » : l'environnement physique et matériel ; le ressenti des utilisateurs ; la critique positive ou négative qui sera répétée ; le scénario de l'expérience que cela fait vivre - *le storytelling* - ; la façon collaborative ou non, selon laquelle l'expérience est pensée ; sa modernité ou son actualité par rapport à ce qui se fait ailleurs ; ...

● *Consultation participative des idées*

Ce n'est pas à proprement parler une technique, mais plutôt une façon d'associer les personnels à la génération d'idées. Il s'agit de faire remonter les idées, les besoins, les suggestions, pour améliorer une situation, ou donner forme à une action.

On peut ici utiliser les techniques : du focus group ; de l'interview ; du sondage. On peut également utiliser un outil numérique de consultation en ligne. Ne serait-ce qu'un simple Google form.

Pour structurer une base de connaissance
● *Gérer les connaissances*

C'est en fait un ensemble de techniques, permettant de connaître les expertises de chacun, pour qu'ils soient sollicités. Ou permettant l'identification des fichiers détenus sur un serveur d'entreprise. On peut aussi imaginer *les moyens de capter les expertises ou les savoirs tacites*.

On peut enfin imaginer de cartographier les besoins informationnels par métier, afin d'établir une veille d'information qui leur corresponde.

Pour piloter, rendre compte et surveiller

• *Observatoire des humeurs ou baromètre d'entreprise*

Il est en particulier utile pour tester l'approbation collective d'un projet, ou d'une action de changement culturel.

On dispose aujourd'hui de nombreuses solutions numériques, permettant de sonder en direct, sur leur smartphone ou leur ordinateur, les personnels d'une organisation.

• *Gestion du changement*

La gestion du changement est un ensemble de techniques, permettant à diverses échéances temporelles, de faire évoluer une organisation. Elle s'appuie sur une mise en ouverture de réflexion, pour faire évoluer la vision des acteurs et lever les résistances.

Les techniques utilisées peuvent être : le retour d'expérience ; le voyage d'étude ; l'étude documentaire ; la confrontation des points de vue entre pairs ou entre divers métiers ; les alertes de rappel pour faire évoluer les pratiques ou les comportements ; …

Plan de travail

Il s'agit du second temps du contenu méthodologique, au cours duquel est formalisé le cheminement choisi pour traiter la problématique. La proposition que nous formulons ici, est surtout indicative de la façon dont peut s'ordonner le travail à réaliser.

Etape 0 - Préalables
Volet : Ouverture de réflexion *(voir chapitre 2)*
- Recherche d'information sur les usages de chatbots RH et ceux développés dans d'autres champs professionnels
- Recherche d'information sur l'actualité de la fonction RH, qu'il faudra peut-être faire évoluer
- Pédagogie sur la conception et les différentes formules de chatbots : plateforme de développement gratuit ; sur-mesure ; package commercial ; ...

Volet : Faisabilité et niveau d'automatisation actuel
- Identification des compétences informatiques. Dispose-t-on en interne des personnels techniques nécessaires ? Cela permet déjà d'avoir une idée du type d'éditeur sur lequel s'orienter.

Volet : Choix et formalisation de l'objet du projet
- Assister les personnels ; désencombrer le service RH ; ...

Etape 1 - Etat des lieux
Volet : Consultation des personnels
- Questionnement des personnels sur leurs insatisfactions en matière d'assistance pour leurs activités. Interview ; consultation en ligne ; ...
- Mesurer le niveau de sollicitation des experts, des services RH, ...
- Quel est le niveau de satisfaction sur l'accès à l'information ?
- Estimer le niveau de maturité digitale des personnels
- Attitude à l'égard de l'information : temps consacré ; moyens employés ; ...

Volet : Identification des principales informations et documents recherchés ainsi que de leur disponibilité

- Quels sont les informations, les thèmes, les documents, ... , les plus recherchés ?
- Quels sont les professionnels les plus sollicités ? Nombre d'appels téléphoniques ; de mails ; ...
- Problématiques d'accès à l'information : activité de terrain ne permettant pas l'accès au wifi ; site distant ; télétravail ; déroulé des étapes techniques d'accès à l'information ; ...

Volet : Organisation numérique

- Recensement des applicatifs numériques : portail ; messagerie instantanée ; progiciels ; site de marque employeur ; ... , pour identifier avec quels outils le chatbot pourrait être associé
- Localisation des bases de données

Volet : Analyse du service RH

- Etat des lieux de l'encombrement
- Recensement des questions récurrentes adressées aux personnels RH : prévoyance ; retraite ; réaliser une note de frais ; ...
- Niveau d'automatisation de la fonction
- Image que se font les personnels du service RH : ringardisme ? inaccessible ? Etc.
- Positionnement du service ? Problématiques prises en charge ? Enjeux prioritaires ? Etc.

Etape 2 – Choix et formulation du projet de changement
Volet : Cadrage organisationnel et RH
- Travail sur la formulation ou l'adaptation des valeurs
  de l'organisation
- Formalisation d'une cible organisationnelle et professionnelle
- Formalisation d'une politique de soutien au professionnalisme
- Repositionnement du service RH : pilotage de
  l'expérience employé ; ...
- Révision des savoir être recherchés lors des recrutements :
  capacité à transmettre ; agilité d'apprenance ; attitude à l'égard
  de l'information ; maturité digitale ; softs skills ; etc.

Volet : Cadrage du projet
- Choix d'un pilote ou de plusieurs pilotes selon le projet :
  un chatbot par métier ; par direction ; etc.
- Rédaction d'une fiche projet
- Activités, process ou métiers que l'on souhaite appuyer :
  améliorer le recrutement ; ...
- Rédaction éventuelle d'une lettre de mission

Volet : Choix d'un outil ou de l'éditeur
- Choix de la ou des techniques de consultation selon les
  contextes d'utilisation : saisie de texte ; commande vocale
- Identification des faiblesses de l'outil : formats de fichiers pris
  en charge ; fonctionnalité de l'analyse de l'utilisation et
  de mesure de l'audience ; ...
- Examen des modèles économiques des éditeurs, dont
  les prestations peuvent amenées à repenser le projet (*voir
  la classification des éditeurs que nous proposons plus loin*)

Etape 3 – Mise en œuvre (*à adapter en fonction de l'outil ou de l'éditeur et des orientations retenues*)

Volet : Acquisition des applicatifs complémentaires éventuels

- Messagerie instantanée ; site de marque employeur ; outil de consultation des satisfactions en ligne (*comme Klaxoon de l'éditeur Zest Me Up*) ; outil de captation des savoirs informels ou tacites (*par exemple Speachme*) ; ... , en fonction de ce dont on ne dispose pas pour l'heure et qui s'avèrent indispensables aux nouvelles orientations

Volet : Formalisation des process documentaires

- Formalisation des process métier et des moments nécessitant de l'information ; contexte et situation ; forme souhaitée de l'information à obtenir ; ...

Volet : Analyse des besoins d'information

- Cartographie des besoins informationnels par métier ou catégorie et des niveaux de profondeur
- Sources d'information par métier
- Mise en place d'un process de validation des publications

Volet : Production des documents supports

- Retour d'expérience ; rapport de veille ; tutoriels ; organigramme ; FAQ ; ...
- Identification des documents existants ou à réaliser : chartes ; procédures ; ...

Volet : Formulation des scénarii d'utilisation

Volet : Implémentation du chatbot et mesures d'accompagnement du changement

Etape 4 - Evaluation des résultats

Volet : Satisfactions dégagés

- Utilisation d'un outil de consultation en ligne

Volet : Mesure du Retour sur Investissement

- Meilleure qualité de travail ; temps dégagé ; développement professionnel ; meilleure réputation de l'organisation dans sa prise en charge de l'expérience employé ; ...

Volet : Recherche d'opportunités à venir

- Veille d'information sur les nouveaux usages, outils, package commerciaux, ...

1.2. Analyse et pédagogie des points de vigilance

La mise en œuvre d'un projet se heurte toujours à des contre-arguments, des pièges, des pesanteurs de structures, ou à l'inverse un emballement pour la nouveauté, qui sont susceptibles de faire échouer le projet. Voici quelques-uns des risques à anticiper.

Risque d'une impréparation des personnels RH
● **L'évolution des profils RH est-elle anticipée ?**

Si tout fonctionne comme cela était souhaité, les personnels RH devraient en ressentir une amélioration de leur travail.

En diminuant le nombre des sollicitations les plus récurrentes, qui parasitent leur activité, ils récupéreront du temps d'attention, amélioreront la relation avec les personnels et abaisseront d'autant leur propre niveau de stress.

C'est l'occasion pour une direction ressources humaines, de se repositionner pour aller vers des services à plus forte valeur ajoutée que précédemment. *Toutefois, cela ne va pas sans une réflexion sur les profils RH, qu'il faudra peut-être faire évoluer !*

Risque de conservatisme des RH
● **Ne s'agit-t-il pas d'outils gadget ?**

Les récriminations des individus à l'encontre de la fonction ressources humaines, fait régulièrement l'objet d'articles et d'études. Toutes, révèlent que les directions ressources humaines sont en deçà de leurs attentes, en termes :

- D'accompagnement
- D'information
- Et de développement professionnel

- Voire même qu'ils les trouvent *conservatrices* !

Il y a donc des raisons objectives, pour ne pas écarter d'emblée les outils qui peuvent apporter des satisfactions. Soit parce qu'ils sont nouveaux, soit de façon peu avouable, parce qu'ils bousculent les habitudes acquises.

Il est d'ailleurs assez facile de contre argumenter, en posant quelques questions simples.

Comment l'activité d'un service RH peut-elle apparaître légitime et professionnelle, en se tenant éloignée du progrès ?

Par ailleurs, le mouvement de digitalisation des RH - *dont un chatbot n'est que l'une des expressions* - est largement pris en compte dans les programmes de formation aux ressources humaines. Et il n'y aura pas de retour en arrière.

Quel jugement porteront alors les nouveaux recrutés, sur un service n'ayant pas su se moderniser ?

Comment afficher une attention portée aux personnels et à la qualité du travail, sans accorder les moyens d'une autonomie ?

Risque d'un déficit d'audience du chatbot
  ● Existe-t-il un seuil de mise en œuvre ?

Rien ne sert de consacrer du temps, de l'énergie et de l'argent, à un projet complexe, s'il ne doit pas atteindre un certain seuil d'utilisation. Le jeu doit naturellement en valoir la chandelle. Il est d'ailleurs tout à fait possible d'opter pour des solutions gratuites, qui peuvent alors s'avérer suffisantes.
Et qui plus est, simples à mettre en œuvre.

Mais ce n'est pas seulement une question de bon sens, c'est aussi une question technique.

En effet, si le chatbot intègre dans sa conception une brique d'apprentissage automatique, ou « machine learning » - *on parle aussi d'analyse prédictive des données de façon autonome* - elle doit être nourrie par la formulation de requêtes suffisamment nombreuses.

Il est donc nécessaire d'atteindre un nombre suffisant d'utilisations. *Si une masse critique d'utilisation ne doit pas être atteinte, il est sans doute préférable de s'orienter sur une solution technique simple ou peu onéreuse, voire gratuite.* Il en existe en effet un certain nombre.

Risque de vouloir trop en dire
● **Pourquoi restreindre l'information diffusée ?**

Diffuser de l'information n'est pas à proprement parler l'objectif d'un projet de chatbot RH. Ce n'est que le moyen de gagner du temps, de développer le professionnalisme et de faire percevoir une différence de traitement dans l'esprit des personnels, d'avec celui qui est proposé par les organisations concurrentes.

Le volume, la nature, la profondeur de l'information, répondent à des objectifs RH. *Le Chatbot ne doit pas aboutir à une fonction RH déshumanisée et l'humain doit à moment donné reprendre la main.* Qu'il s'agisse d'un technicien ; d'un manager ; d'un expert ; ... , comme dans notre exemple d'agents intervenants sur un parc d'éoliennes, mis en relation avec un expert, dès lors que la question dépasse une information de premier niveau.

Mais il faut aussi évoquer la question de la sécurité des données et de la confidentialité des documents. Pour cette raison, il faudra également réfléchir à une fonctionnalité de « *coffre-fort numérique* ». Par exemple telle que le propose *l'éditeur Daveo.*

L'information diffusée doit donc être limitée, ne serait-ce que pour une question de pertinence.

Risque d'un manque de pertinence des informations

● **La conception s'appuie-t-elle suffisamment sur les utilisateurs ?**

Pour être utile aux bénéficiaires, les informations doivent répondre à leurs attentes. Etre délivrée dans la forme qui leur est la plus profitable : résumé ; synthèse ; infographie ; ... Mais aussi dans leurs contextes de travail. Ou encore aux moments où ils le souhaitent. Notamment au moyen d'une fonction Push.

Pour garantir une désirabilité, qui est un gage d'utilisation et d'atteinte d'un seuil d'utilisation, *le système documentaire constitutif du chatbot, ne peut être pensé loin des utilisateurs.*

Ce critère de pertinence s'accompagne donc d'un arbitrage, entre les attentes utilisateurs et les orientations RH : développer l'engagement ; satisfaire les réflexes communautaire ; etc. Ainsi sans doute que d'une « *pédagogie du projet* ». Le traitement de la pertinence peut aussi intervenir sous la forme d'un process de validation des publications.

Ne serait-ce que pour valider qu'elles répondent bien aux besoins d'information !

1.3. Conditions de réussite, recommandations et suggestions d'applications

En guise de conclusion de chapitre, nous vous proposons les ingrédients de réussite suivant.

Une acculturation au nouvel outil
- **Comment créer une désirabilité et une habitude de travail ?**

Les premiers chatbots RH mis en place aux alentours de 2005, ont parfois connu des déconvenues retentissantes. Ce fut le cas de "Clara", premier chatbot RH mis en place dans le groupe AXA. Les personnels n'y étaient pas familiers des avatars et n'avaient pas été informés qu'ils avaient affaire à une intelligence artificielle. De plus, les lenteurs du système suscitaient des agacements, qui ne détournaient pas les utilisateurs de leurs habitudes : les sollicitations par mails et téléphone.

Les temps ont désormais changé et les technologies de l'information se sont largement popularisées auprès de tout un chacun, dans la sphère privé.

Pourtant, une acculturation à un chatbot RH demeure une condition nécessaire. Elle s'articule notamment autour d'une pédagogie du projet.

Expliquer, Associer, Impliquer, Améliorer et Alimenter

Suggestions :
- Utiliser un outil collaboratif de consultation pour tester les satisfactions
- Définir en commun ce à quoi va servir le chatbot RH

- Adopter collectivement une définition de "professionnalisme",
  pour favoriser l'engagement des salariés et choisir les moyens
  de le soutenir
- Adapter l'apparence du bot ou de l'avatar, au profil
  de l'organisation et consulter les personnels pour recueillir
  leurs sentiments.

Une idéation et une ouverture de réflexion

● **Comment imaginer des cas d'usages ?**

Un chatbot RH est pour l'organisation qui l'envisage, une véritable innovation. Et qu'elle soit simple ou complexe, *une innovation débute toujours par une phase de créativité, alimentée par ce que les spécialistes de l'innovation appellent : une idéation !*

Elle est à l'innovation, ce qu'est la productivité à la production. Autrement dit une capacité menant à un résultat. Et en matière d'innovation, il s'agit de nourrir les capacités de réflexions, pour générer des idées et des "objets de recherche".

Pour y parvenir, l'idéation s'appuie sur des techniques, dont la finalité est d'entretenir la créativité.

Suggestion :
- Une recherche documentaire, axée sur un benchmark
  d'applications, pour enrichir les réflexions d'un apport
  expérientiel

Cette recherche peut s'articuler autour de deux "objets de recherche". D'une part les chatbots RH et la diversité d'applications. D'autre part les applications, autre que RH, développées dans des secteurs différents : tourisme ; musée et bibliothèque ; …
Afin de nourrir vos réflexions, nous en verrons quelques-unes plus loin !

Il est toutefois important de noter les résistances des décideurs, à l'égard de l'information documentée et rédigée. Ils rechignent souvent à y consacrer du temps. Les résultats de ce travail de recherche documentaire, doivent donc être diffusés dans une forme qui réponde à leurs contraintes. Et donc être restitués sous la forme : d'un rapport synthétique ; d'une présentation en réunion ; d'une capsule vidéo ; d'une infographie ; etc.

La mesure des résultats
• **A quoi faut-il être attentif ?**

Il ne peut être question de réaliser un investissement - *fut-il au moyen d'un logiciel gratuit* - sans évaluer les résultats obtenus. Cette appréciation devra comporter des éléments objectifs - *relatif aux fonctions d'usage.* Des éléments subjectifs - *qui tiennent eux aux fonctions d'estime : praticité ; etc.* Et cibler l'ensemble de l'expérience offerte aux utilisateurs.

 Réaliser une grille d'analyse comportant plusieurs items

Suggestion :
Elle peut donc s'intéresser : au nombre de consultations ; aux bruits et aux silences de la base de connaissances - *il s'agit des informations et fichiers qui ne sont jamais consultés, ou à l'inverse remontent trop souvent à tort* ; à la satisfaction globale ; à l'image du service des RH ; à la pertinence des réponses ; etc.

 Privilégier un chatbot qui intègre une fonctionnalité d'analyse de l'utilisation et de mesure de l'audience

Un responsable de la diffusion des informations
● Pour quelles raisons ? Quelles sont
  ses caractéristiques ?

Quelles que soient les finalités qui président à sa réalisation, *un chatbot répond « au besoin d'une médiation numérique », entre des données, des documents, des savoirs et des utilisateurs.*

Intéressons-nous aux activités qui peuvent alors être réalisées et aux qualités nécessaires. Ce sont par exemple :

- La recherche documentaire
- La veille d'informations
- L'indexation de documents dans un Système de Gestion
  Documentaire
- L'accompagnement dans l'utilisation et l'acculturation
  aux moyens numériques
- La proposition des scénarii d'utilisations
- L'animation d'un site web et d'un réseau social d'entreprise dans
  lesquels le chatbot sera certainement intégré
- L'appétence pour la formation et la transmission des savoirs
- Etc.

Toutes ces activités dessinent donc le profil d'un professionnel de l'information. Il peut donc s'agir : d'un Knowledge manager ; d'un Médiateur culturel ; d'un Community manager ; d'un Chief digital officer ; etc.

Suggestion :
- Recruter un Community manager par filière métier présent dans
  l'organisation, si cette dernière est de grande taille

Une révision des modes de travail
• Comment accompagner cette évolution ?

Gérer le changement peut paraître une évidence, mais il n'en est souvent rien pour les décideurs. Portés par la conviction de l'intérêt de la nouveauté, qu'ils imaginent partagées et soulevant une adhésion immédiate, ils font souvent l'économie d'une réflexion sur les mesures d'accompagnement.

Nombreux sont ainsi les projets à avoir fait florès !

Nous avons dans cette intention présenté ci-devant quelques-unes de ces mesures : une acculturation ; une médiation aux usages numériques ; une animation métier du type community manager, chargée entre autre de rappeler l'existence d'un chatbot RH afin d'inciter à son utilisation.

Il nous semble aussi important de définir des mesures sur trois autres aspects.

 Les représentations de l'utilité de l'information

D'où l'idée de faire définir en commun « la notion de professionnalisme », qui se nourrit, comme nous l'avons vu, de ressources d'information.

 L'utilisation des temps consacrés à l'information

Consulter de l'information et s'en approprier le contenu, demande un effort de concentration et du temps. En produire également. Il ne peut donc être question de soutenir le professionnalisme, en reprochant à un collaborateur le temps qu'il passe à formaliser et à améliorer ses savoirs.

Ce constat amène à questionner le type de management souhaité ! Il en est d'ailleurs question lorsqu'il s'agit de définir la gouvernance d'une organisation.

Il faudra peut-être aussi revoir l'aménagement de l'espace de travail, en prévoyant des salles de silence, consacrées à l'autoapprentissage, ou bien à la formalisation de retours d'expérience.

 La révision des documents managériaux

Inscrire une nouvelle pratique peut se traduire par : la reformulation des process ; la révision des fiches de postes ; la formalisation d'une charte managériale ; la réécriture du livret d'intégration ; la correction de la FAQ ; la définition d'une promesse employeur diffusée sur le site de Marque employeur de l'organisation ; etc.

Un process de validation de la pertinence des publications
● **Pourquoi cette précaution ?**

Selon les orientations retenues, les personnels peuvent être sollicités pour alimenter la base de connaissances. En effet, les techniciens, les experts, … , peuvent être des contributeurs.

C'est par exemple le cas dans les sociétés de conseil, où les consultants sont encouragés à formaliser leurs retours d'expériences, afin d'en faire profiter leurs pairs. Mais aussi pour alimenter "la mémoire de l'organisation". Ils peuvent également être sollicités pour partager leurs veilles d'information.

Toutefois, pour être profitable à tous et ne pas mettre de l'anarchie dans les bases de connaissances, la production de ces documents doit être encadrée. *Ils doivent donc répondre à un formalisme et à un intérêt, qui introduisent de fait : une limite et une validation.*

Cette dernière peut au choix, être dévolue à des spécialistes de l'information ou à un responsable formation, ou encore faire l'objet d'une validation collective.

La formalisation d'une expérience est par ailleurs une modalité d'apprentissage, ce qui donne du poids à l'option d'une validation par le responsable formation.

Un couplage de bots pour une évolution nette
- Quelle en est l'utilité ?

Le déploiement d'un bot peut être limité à une seule orientation RH, ou bien être incrémental avec la programmation d'extensions dans le temps. A cela nous préférons un mixage des usages RH, afin de faire ressentir un changement net pour un résultat rapide et visible. Il existe de plus des « agrégateurs de bots ».
C'est autant une façon de marquer les esprits, que de gérer l'engagement des personnes attachées à la réalisation du projet.

Suggestions :
- Concevoir un chatbot de présélection et acquérir un outil de réponse automatisé aux candidatures. Par exemple *Yaggo*.
- Adopter un outil de mesure de la satisfaction ou de feed back. Il permettra de faire évoluer le chatbot en fonction des besoins exprimés.

Chapitre 2
Des clés pour agir

2.1. Tendances et pratiques du marché des éditeurs

Les modes de tarification

Les éditeurs de chatbots se caractérisent par une grande diversité de modèles économiques.

Certains sont généralistes et proposent un large éventail de produits et de prestations. D'autres se sont spécialisés dans les systèmes d'information, par exemple RH, et proposent dans leurs offres, un chatbot, qui est en passe de devenir pour les éditeurs une prestation incontournable.

Une dernière catégorie enfin, refusant de se diversifier, a au contraire optée pour un marché de niche. Un produit unique. Ou essentiellement du service.

La tarification est donc liée aux modalités de conception. Ou à la délivrance d'un package commercial. Un chatbot peut ainsi :

- Etre clé en main
- Etre sur mesure
- Etre intégré dans un package
- Nécessiter des compétences informatiques ou être à la portée du profane
- Etre plus ou moins riche en fonctionnalités

Il en ressort une disparité des modes de tarification, qui sont globalement les suivants :

- Facturation à la question posée au chatbot
- Rémunération par la présence de publicités. Comme sur Facebook Messenger
- Abonnement mensuel pour un nombre d'utilisateurs défini à l'avance
- Forfait pour un nombre illimité d'utilisateurs
- Gratuit ou en Mode Freemium

A noter qu'il faudra peut-être comptabiliser dans l'investissement, l'acquisition d'une application de messagerie instantanée. Elles sont souvent tarifées à l'utilisateur et par mois.

Il en va de même, si comme nous l'avons proposé, vous souhaitez coupler le chatbot avec d'autres outils : logiciel de mesure de la satisfaction ; logiciel de feed-back ; logiciel de captation des savoirs informels ou tacites ; etc.

Les propositions de valeur et les usages RH

A la fois thinktanks et producteurs d'études, les sociétés de conseil ont longtemps été les acteurs privilégiés de l'innovation RH.

Mais avec l'avènement du numérique, celle-ci est largement passée du côté des éditeurs de logiciels. Ils revisitent progressivement tous les segments du domaine des ressources humaines. Et font évoluer la profession.

Par définition, *ces innovations constituent une offre mouvante !* Nous attirons toutefois l'attention sur les propositions de valeurs suivantes :

Fournir un assistant d'apprentissage

Les utilisateurs peuvent dialoguer avec l'agent conversationnel - *le chatbot* - pour accéder à de l'information professionnelle.

Ce moyen leur permet de parfaire leurs connaissances, voire d'alimenter eux même les bases de connaissances. Cette solution est par exemple proposée par l'éditeur *Living Actor*.

Gérer des bases de connaissances par projet

Cette utilité permet, *au moyen d'une fonctionnalité PUSH*, d'accéder à des connaissances thématiques métier. Elles peuvent être partagées pour différents projets, ou à l'inverse être indépendantes les unes des autres. On peut également imaginer qu'elles le soient par type de personnels.

Gagner du temps dans la diffusion d'informations sur un recrutement

En délivrant des éléments de décision aux candidats, cette utilité permet de faire gagner du temps aux deux parties : RH et candidats. Cette modalité d'accès à l'information sur l'organisation et le poste, se fait bien sûr dans l'immédiateté et sans contraintes horaires. Cette solution est par exemple utilisée par l'Armée de terre, qui a intégré ce type de chatbot à son portail.

On peut citer par exemple, l'outil *Joinup.io*. Ce chatbot de recrutement fonctionne sur abonnement mensuel. Parfaitement personnalisable, il s'installe suite à deux lignes de code à saisir. Il propose plusieurs scénarii de conversation et laisse la possibilité d'adapter son design à sa charte graphique.

Fournir une aide managériale

C'est le cas du *chatbot "Lucy", de Sopra RH Software*, qui a été conçue pour assister les managers. Ce chatbot propose des actions de management et de pilotage sur demande.

Renseigner sur les dossiers numériques RH

Les personnels, collaborateurs ou managers, accèdent à leurs informations personnelles via un bot de service. Ils peuvent alors se renseigner sur : les congés ; les paies ; ...

Ou encore obtenir des attestations RH, connaître leurs droits, etc. Des sociétés comme AXA, Groupama, … , ont mis en place ce type de solutions numériques.

Assister les personnels "experts"

La société *Sopra RH Software*, propose à cette fin, *un chatbot dédié aux experts juridiques*. Ce chatbot, *baptisé "Cécile"*, fournit à la demande des connaissances en matière juridique et sociale, règlementaire, administrative et de procédures RH.

Mettre en place un ChatAssess

L'éditeur Cut-e a développé un chat d'évaluation intégrable à un portail web. Ce chatbot ne se limite pas ici à fournir des informations sur l'organisation et le poste. *Il propose de fournir une expérience d'immersion.*

Cette solution est par exemple mise en place chez Siemens et repose sur *une solution de matching de compétence*s du candidat, avec celles nécessaires à un poste qu'il ne recherchait pas forcément.

La société Marco Vasco, spécialisée dans le voyage personnalisé, utilise aussi cette solution. *Elle fait passer via son chatbot "Marco", un entretien de recrutement virtuel*. Les candidats doivent alors réaliser une courte vidéo et raconter leur plus beau voyage. Ils sont également invités à donner en ligne, leur vision du poste.

Attirer les jeunes générations

Le groupe 3X, spécialisé dans le conseil RH, adosse à la publication de ses offres d'emplois un chatbot ludique, fonctionnant sur Facebook Messenger. *Délibérément conçu pour attirer les générations Y et Z, il repose sur une gamification du process de sélection.*

Les candidats répondent à des questions animées à l'aide de GIFs, de photos et de sons. Cette réalisation s'accorde ici avec *une logique de Marque Employeur*.

Améliorer la mobilité interne

Les solutions de matching, via un chatbot, sont aussi une solution adaptable à un processus de gestion des mobilités internes.

Faciliter le travail de techniciens intervenant hors site

Pour assister ses techniciens dans leurs interventions sur les parcs éoliens, Engie a développé une solution de chatbot, qui *leur permet de repérer une machine spécifique.*

Ce bot *fournit des éléments de supervision* : état de fonctionnement ; niveau de production ; etc.
Il fournit aussi *des suggestions basiques ou de premier niveau.*

Le système repose sur les technologies de Skype for business et sur SMS, afin de pallier aux situations dans lesquelles les techniciens pourraient de pas avoir accès à un réseau 3G ou 4G.

Une classification des éditeurs

La classification que nous vous proposons ici, est évidemment loin d'être exhaustive. Mais elle donne une idée des possibilités.

Les plateformes de développement de chatbots, gratuites ou freemium

Le développement de bots, est loin d'être réservé aux grandes organisations et *des solutions, simples, rapides et gratuites, peuvent tout à fait être adaptées au besoin.*

Proposées en version gratuite ou freemium, elles se prêtent parfaitement à un mode "test and learn" qui est privilégié par les experts du numérique.

- Pandorabots

Cet éditeur met en libre accès sur son site, les tutoriels nécessaires pour créer et déployer rapidement un chatbot. Il est entre autre possible de créer des interfaces vocales, pour des objets connectés, ou d'écrire dans n'importe quelle langue.

- Rebot.me

Vous pouvez créer un chatbot à partir du renseignement d'un formulaire de saisie en ligne : choix de la langue ; saisie des questions et réponses prévues ; etc.

- Chatfuel

Cette plateforme de développement se propose de vous aider à créer un bot Facebook en 7 minutes.

Il a été pensé pour : notifier des événements ; des informations ; composer une Foire Aux Questions, ou créer de l'audience, pour un éditeur ou une agence de presse.

Il est notamment utilisé par The New York Times.

- Botsify

Botsify propose la création de chatbots, *qu'il destine : à la formation* ; à être intégré dans un site web, un site Wordpress, … ; …

Il propose entre autre, des fonctionnalités : *de machine learning ; d'analyse de l'utilisation ; de mesure de l'audience ; de reprise de contrôle humain* à n'importe quel moment.

- Lita.io

Lita est un robot de discussion, destiné à être *intégré à un forum de discussion* d'organisation. Il se propose d'automatiser les tâches, de *créer du lien et donc de contribuer à construire une culture d'entreprise ou à accompagner une évolution culturelle* ; etc.

Les agences spécialisées dans la création de chatbots multi-métier

Ces acteurs de la création de chatbots sont des prestataires de services : entreprises de conseil ou start ups du numérique, qui *proposent le développement de solutions sur mesure*. Ils ne sont donc pas librement accessibles en ligne comme les précédentes solutions et nécessitent une prise de contact avec un commercial.

- *The Chatbot Factory*

Cette start up utilise l'intelligence artificielle, associée à du langage naturel, pour la création de chatbots. Ils réalisent du sur-mesure : conception ; scénarisation ; recherche sémantique ; développement et entraînement du bot.

Leurs solutions sont multiplateformes et s'intègrent dans de nombreuses messageries instantanées : *Facebook Messenger ; Kik ; Skype ; Slack ; Hangout* ; etc.

- *Equency*

Cette société de conseil en innovation Marketing et communication, propose une approche multiplateforme.

- *Ohmybot.io*

Cette agence s'est spécialisée dans la création de chatbots sur *Facebook Messenger, WeChat ou WhatsApp*. Leur équipe réalise des chatbots à la demande, ou améliore un outil préexistant. Ils ont notamment travaillé pour SNCF ; BNP Paribas ; …

- *The Social Client*

Cette agence dépasse le seul marché de la création de chatbots. Elle accompagne plus largement dans les projets de relation client digital ; de communauté de marque ; de social media management ; …

Ils ont notamment réalisé pour le compte du Groupe Vinci, *un chatbot de dynamisation de la marque employeur, en imaginant un recrutement ludique.*

Orange Business Services a également fait appel à eux, *pour concevoir un chatbot de support technique.* Ils se sont pour cela *appuyé sur la communauté interne, pour réaliser des tutoriels.* La pertinence de ces documents *a fait « l'objet d'un process de validation »* par 5 collaborateurs !

Les éditeurs spécialisés dans le digital RH

Ce sont des entreprises spécialisées en management. Elles sont souvent généralistes ou spécialisées sur quelques process managériaux.

- *Daveo*
Daveo est un cabinet conseil *spécialisé dans le digital et la transformation culturelle d'entreprises.*

Parmi leurs créations, il faut noter le chatbot "Jackson". Sa vocation est de décharger les DRH des questions les plus courantes et à faible valeur ajouté.
Le salarié peut poser les questions qu'il souhaite et obtenir, soit des éléments de réponses, soit les documents préalablement numérisés qui le concernent. Le chatbot fonctionne autour d'une *fonctionnalité de coffre-fort numérique*, pour les dossiers sensibles : feuilles de paie ; ...

- *ZestMeUp*
ZestMeUp est une start up *spécialisée dans le logiciel d'engagement.*

Ils sont notamment connus pour leur produit « *Klaxoon* », qui permet de sonder la satisfaction quotidienne des personnels. Et qui apporte au service RH, la possibilité de disposer d'une remontée terrain immédiate.

Ils développent en 2018 du machine learning, pour fournir du conseil concret aux managers.

Ils travaillent aussi au développement « d'un chatbot d'intégration des nouveaux recrutés » !

2.2. Apports expérientiels hors RH pour une idéation

Un chatbot n'étant un outil RH, qu'au travers de ses usages, il est nécessaire *pour en imaginer de nouveaux dans le cadre d'une idéation*, d'explorer les applications développées dans d'autres secteurs professionnels.
C'est bien sûr une façon de s'inspirer. Ou de mettre en ouverture de réflexion, pour en commander la réalisation.

Il existe ainsi plusieurs milliers de chatbots. Notamment d'ordre transactionnel : réservation en ligne de titres de transport ; achat-vente ; etc.

Mais nous nous intéressons ici davantage, à ceux développés par les secteurs : muséal et patrimonial ; de l'information locale ou thématique et de la santé connectée.

En effet, leurs finalités font échos aux besoins RH que nous avons développés. Comme l'apport d'informations thématiques. Ou celui de l'accès à des conseils contextualisés, ciblés et personnalisés. Ou encore le besoin de faire découvrir un territoire d'implantation. Ou de faire vivre une expérience immersive, pour peaufiner sa Marque employeur.

On peut ainsi remarquer les usages suivants.

Enrichir une expérience de visite

Développés pour permettre "une visite augmentée", ces chatbots fonctionnent au moyen d'un bot intégré dans une application de discussion instantanée, installée sur smartphone. Notamment Facebook Messenger.

L'idée est de permettre à l'utilisateur, de disposer à sa convenance, d'un véritable "compagnon" lors de la visite d'une exposition, d'un monument, d'un site ou d'un lieu insolite.

Il est alors possible de questionner le chatbot et d'obtenir : de l'information vocale ; des documents d'archives ; des vidéos ; des photographies ou du texte.

Ces intelligences artificielles de poche, ont en effet la faculté de reconnaître une œuvre, ou des objets et d'aller rechercher les informations qui s'y rapportent. Qui l'a réalisé ? Qui était-il ? Pourquoi ? Etc.

Cet usage peut aisément être transposé dans un contexte RH. Notamment pour l'accueil et l'intégration d'un nouvel embauché.

Se repérer et s'orienter

Les médiateurs culturels et les éditeurs de logiciels ont développé des dispositifs chatbot, afin de permettre aux visiteurs de s'orienter aisément dans un contexte donné. Sous forme de robots, de reproductions d'œuvres ou d'applications mobiles, ces dispositifs permettent de visualiser une carte du contexte, ou de disposer d'une aide vocale, *pour se situer et s'orienter dans l'enceinte d'un musée.*

Là encore, il est aisé d'imaginer combien cet usage peut être utile pour accueillir : des partenaires ; des freelances ; des nouveaux recrutés ; des personnels travaillant habituellement dans un autre établissement ; ...

Localiser ses amis dans un contexte donné

Partant du principe qu'un lieu culturel est aussi un lieu de vie et d'échanges, *certains chatbots ont été imaginés pour faciliter les rencontres.* Ici, le dispositif chatbot s'est enrichi de la possibilité d'être prévenu de la présence d'amis, sur le site de visite et de leurs positions exactes, pour les retrouver ou les solliciter.

Appliqué à des enjeux RH, cet usage est transposable pour satisfaire le souhait de vivre une expérience de sociabilité, exprimé par les jeunes générations. Il s'accorde ainsi parfaitement au *développement du bien vivre au travail.*

Il pourrait aussi s'agir, de repérer la proximité d'un technicien, ou d'un expert, du lieu où se situe un problème à traiter. C'est par exemple le cas dans certains grands hôpitaux, pour avertir le médecin le plus proche d'un incident.

S'informer à partir d'une photo

Il en va ainsi d'un chatbot développé pour le Musée d'art moderne et contemporain de Rovereto en Italie. Ses concepteurs ont adopté la solution *d'une reconnaissance d'un objet, à partir d'une photo, pour accéder à de l'information.*

Cet usage pourrait donc être transposé, pour consulter par l'exemple, l'historique d'entretien d'une machine.

Collecter des données

Les journalistes du site américain ProPublica ont mis en place *un chatbot pour recueillir et trier les témoignages* qui leurs sont adressés. Celui-ci est intégré à leur portail. Il a vocation à les délester d'un travail d'accueil, tout en élargissant leur base de travail.

Cet usage peut s'accorder avec la nécessité RH, de collecter les retours d'expérience, ou des profils de candidats.

Recueillir du conseil personnalisé

Les spécialistes de l'e-santé ont conçu sur la base d'une interface SMS, un chatbot de suivi de la santé globale d'un individu. *Le programme permet alors d'évaluer le besoin*, avant d'aller collecter les données chargées de délivrer un conseil personnalisé : pour perdre du poids ; réduire l'hypertension ; etc.

Véritable *aide à la décision*, ces solutions visent aussi à *créer de la désirabilité pour fidéliser l'utilisateur*.

C'est donc un usage, qui vise à renforcer l'autonomie et la rapidité d'analyse et d'exécution. Il est aussi un moyen d'engagement.

Agréger et organiser des informations publiables

Surfant sur les besoins de production de contenus, certaines entreprises comme la société Syllabs, se sont positionnées sur *le marché de la production automatisé d'articles publiables*.

Composées d'équipes de linguistes, d'informaticiens et de scénaristes, elles proposent des algorithmes qui collectent, trient et organisent, des milliers de sources et les transforment en temps réel, en textes éditorialisés et publiables. Ils sont de plus polyglottes.

Un de ces algorithmes, a été réalisé pour la société Guy Hoquet l'Immobilier, qui présentait le besoin de fournir un média local aux acheteurs potentiels. Partant du principe que le seul descriptif de l'offre n'était pas une aide à la décision suffisante, ils ont souhaité le compléter d'un journal renseignant sur les territoires d'implantation, des biens à la vente : la vie du quartier, les infrastructures, les commerces, les activités culturelles et sportives, les écoles, etc.

Cet usage pourrait intéresser un knowledge manager ou un chief digital officer, pour offrir une veille d'information métier aux personnels d'une organisation.

On peut aussi supposer qu'il intéresserait un responsable de communication interne, ou de Marque Employeur, souhaitant informer les personnels ou les candidats, de l'attractivité du territoire d'implantation de leur organisation - *surtout si elle est multisites.* Pour qu'ils souhaitent postuler à une offre. S'y installer. Ou à l'inverse n'éprouvent pas le désir de le quitter !

Recevoir des notifications thématiques

Afin de délivrer un service personnalisable, des médias d'information comme : The Guardian ; Techcrunch ; CNN ; ... , offrent à leurs lecteurs, une fonction PUSH paramétrable.

Ses caractéristiques sont de pouvoir choisir les sujets d'information, l'heure de notification, ou d'être géolocalisé pour accéder à de l'information locale.

Délivrer des recommandations de visites

Lancé en 2016, le ***chatbot culturel Ask Mona***, fonctionnant via Facebook Messenger, notifie des recommandations de visites en fonction de la position de l'utilisateur et des liquidités dont il dispose. *Sa vocation est de permettre à un utilisateur, de mieux découvrir un territoire qu'il ne connaît pas.*

Bibliographie

Un enjeu de professionnalisation

LE BOTERF, Guy, Professionnaliser. Construire des parcours personnalisés de professionnalisation, Paris, *Eyrolles*, 2016.

Un univers numérique et informatique

BISSON, Simon « Besoin d'un chatbot vite fait ? Pariez sur ce prestataire dont vous n'avez jamais entendu parler », *Znet.com*, avril 2017. Consulté en décembre 2017.

CANTET, Thibaut « Portrait-robot d'un bot », *blog.octo.com*, janvier 2017. Consulté en décembre 2017.

VARNIER, Anne-Sophie « Compte-rendu petit déjeuné : Psychanalyse du chatbot », blog.octo.com, mars 2017. Consulté en novembre 2017.

Le champ des ressources humaines et du digital RH

BARRIOS, Cindy « Les assistants virtuels, des collègues de rêve », *Manageur Attitude*, novembre 2017. Consulté en décembre 2017.

CHIVOS, Raphael « Digital RH définition simple », *Change The Work*, janvier 2019. Consulté en janvier 2019.

GIRY, Romain « Nexity lance sa plateforme de travail collaborative », *Focus RH*, juin 2017. Consulté en décembre 2017.

GIRY, Romain « Quatre processus RH impactés par l'intelligence artificielle », *Focus RH*, novembre 2017. Consulté en décembre 2017.

GUERRIER, Philippe « Chatbot RH : le curseur entre gestion humaine et intelligence artificielle », *Itespresso*, mars 2017. Consulté en janvier 2018.

LARRÉDE, Thomas « Chatbots & RH : un avenir prometteur si on franchit le cap ! », *Parlons RH*, mai 2018. Consulté en janvier 2019.

RATHERY, Géraldine « Les chatbots dans le recrutement », *Siècle Digital*, mai 2017. Consulté en novembre 2017.

« Chatbot RH : l'assistant fun du recrutement », *Change The Work*, octobre 2017. Consulté en janvier 2019.

« Le Chatbot RH : un ambassadeur de l'expérience employé », *RH-blog.com*, mars 2018. Consulté en janvier 2019.

« Onboarding : quelques pratiques de start ups », *Change The Work*, mars 2018. Consulté en janvier 2019.

Contenu méthodologique

CORBEL, Jean-Claude « Management de projet », *Eyrolles*, Paris, 2012.

Une acculturation au nouvel outil

JAKUBOWICZ, Lucas « Les chatbots à l'attaque des ressources humaines », *Journal du net*, octobre 2016. Consulté en novembre 2017.

Une idéation et une ouverture de réflexion

COGGIA, Véronique « Intelligence économique et prise de décision dans les PME », *L'Harmattan*, Paris 2009.

DENERVAUD, Isabelle, CHATIN, Olivier, « L'ADN de l'entreprise innovante. Comment accroître les capacités créatives des entreprises », *Pearson*, Paris, 2009.

Les propositions de valeur et les usages RH

BERGOUNHOUX, Julien « Comment (et pourquoi) Engie a mis en place un chatbot pour ses techniciens », *L'usine Digitale*, février 2017. Consulté en décembre 2017.

DILLENSEGER, Corinne « Marco Vasco présélectionne ses futurs talents via un chatbot », *Focus RH*, septembre 2017. Consulté en décembre 2017.

DILLENSEGER, Corinne « Un chatbot RH pour « humaniser » le recrutement », *Focus RH*, mars 2017. Consulté en décembre 2017.

FRANCESCHI, Camille « Trois bonnes raisons d'opter pour un chatbot RH », *HRVoice.com,* novembre 2018. Consulté en janvier 2019.

« Attirer les meilleurs avec l'e-assessment », *MyRHline*, avril 2017. Consulté en décembre 2017.

PAOLI, Juliette « Sopra RH software lance ses chatbots RH », *Solutions numériques*, mars 2017. Consulté en décembre 2017.

Apports expérientiels hors RH pour une idéation

BOUTIN, Nine « DOSSIER/ L'utilisation des chatbots dans le secteur patrimonial, en France et dans le Monde », *Club innovation et Culture France*, novembre 2017. Consulté en décembre 2017.

BOUTIN, Nine « Le chatbot Ask Mona et le CMN proposent une visite augmentée de la Villa Savoye », *Club innovation et Culture France*, novembre 2017. Consulté en décembre 2017.

« Guy Hoquet l'Immobilier lance 450 médias locaux... rédigés automatiquement », *Blog Syllabs.com*, janvier 2017. Consulté en décembre 2017.

« Que penser des chatbots dans la santé connectée ? », *Fédération de l'hospitalisation privée*, juillet 2017. Consulté en janvier 2018.